心一堂術數古籍珍本叢刊

書名：古今名人命鑑
系列：心一堂術數古籍珍本叢刊　星命類　第二輯　128
作者：【民國】徐樂吾
主編、責任編輯：陳劍聰
心一堂術數古籍珍本叢刊編校小組：陳劍聰　素聞　梁松盛　鄒偉才　虛白盧主

出版：心一堂有限公司
通訊地址：香港九龍旺角彌敦道六一〇號荷李活商業中心十八樓〇五－〇六室
深港讀者服務中心‧中國深圳市羅湖區立新路六號羅湖商業大厦負一層〇〇八室
電話號碼：(852)67150840
網址：publish.sunyata.cc
電郵：sunyatabook@gmail.com
網店：http://book.sunyata.cc
淘寶店地址：https://shop210782774.taobao.com
微店地址：https://weidian.com/s/1212826297
臉書：https://www.facebook.com/sunyatabook
讀者論壇：http://bbs.sunyata.cc/

版次：二零一六年一月初版
平裝

港幣　一百二十八元正
定價：人民幣　一百二十八元正
新台幣　五百二十八元正

國際書號：ISBN 978-988-8317-10-3

香港發行：香港聯合書刊物流有限公司
地址：香港新界大埔汀麗路36號中華商務印刷大廈3樓
電話號碼：(852)2150-2100
傳真號碼：(852)2407-3062
電郵：info@suplogistics.com.hk

台灣發行：秀威資訊科技股份有限公司
地址：台灣台北市內湖區瑞光路七十六巷六十五號一樓
電話號碼：+886-2-2796-3638
傳真號碼：+886-2-2796-1377
網絡書店：www.bodbooks.com.tw
台灣國家書店讀者服務中心：
地址：台灣台北市中山區松江路二〇九號一樓
電話號碼：+886-2-2518-0207
傳真號碼：+886-2-2518-0778
網絡書店：http://www.govbooks.com.tw

中國大陸發行　零售：深圳心一堂文化傳播有限公司
深圳地址：深圳市羅湖區立新路六號羅湖商業大厦負一層〇〇八室
電話號碼：(86)0755-82224934

心一堂微店二維碼

心一堂淘寶店二維碼

心一堂術數古籍 珍本 整理 叢刊 總序

術數定義

術數，大概可謂以「推算（推演）、預測人（個人、群體、國家等）、事、物、自然現象、時間、空間方位等規律及氣數，並或通過種種『方術』，從而達致趨吉避凶或某種特定目的」之知識體系和方法。

術數類別

我國術數的內容類別，歷代不盡相同，例如《漢書・藝文志》中載，漢代術數有六類：天文、曆譜、五行、蓍龜、雜占、形法。至清代《四庫全書》，術數類則有：數學、占候、相宅相墓、占卜、命書、相書、陰陽五行、雜技術等，其他如《後漢書・方術部》、《藝文類聚・方術部》、《太平御覽・方術部》等，對於術數的分類，皆有差異。古代多把天文、曆譜、及部分數學均歸入術數類，而民間流行亦視傳統醫學作為術數的一環；此外，有些術數與宗教中的方術亦往往難以分開。現代民間則常將各種術數歸納為五大類別：命、卜、相、醫、山，通稱「五術」。

本叢刊在《四庫全書》的分類基礎上，將術數分為九大類別：占筮、星命、相術、堪輿、選擇、三式、讖諱、理數（陰陽五行）、雜術（其他）。而未收天文、曆譜、算術、宗教方術、醫學。

術數思想與發展——從術到學，乃至合道

我國術數是由上古的占星、卜筮、形法等術發展下來的。其中卜筮之術，是歷經夏商周三代而通過「龜卜、蓍筮」得出卜（筮）辭的一種預測（吉凶成敗）術，之後歸納並結集成書，此即現傳之《易

經》。經過春秋戰國至秦漢之際，受到當時諸子百家的影響、儒家的推崇，遂有《易傳》等的出現，原本是卜筮術書的《易經》，被提升及解讀成有包涵「天地之道（理）」之學。因此，《易・繫辭傳》曰：「易與天地準，故能彌綸天地之道。」

漢代以後，易學中的陰陽學說，與五行、九宮、干支、氣運、災變、律曆、卦氣、讖緯、天人感應說等相結合，形成易學中象數系統。而其他原與《易經》本來沒有關係的術數，如占星、形法、選擇，亦漸漸以易理（象數學說）為依歸。《四庫全書・易類小序》云：「術數之興，多在秦漢以後。要其旨，不出乎陰陽五行，生尅制化。實皆《易》之支派，傳以雜說耳。」至此，術數可謂已由「術」發展成「學」。

及至宋代，術數理論與理學中的河圖洛書、太極圖、邵雍先天之學及皇極經世等學說給合，通過術數以演繹理學中「天地中有一太極，萬物中各有一太極」（《朱子語類》）的思想。術數理論不單已發展至十分成熟，而且也從其學理中衍生一些新的方法或理論，如《梅花易數》、《河洛理數》等。

在傳統上，術數功能往往不止於僅僅作為趨吉避凶的方術，及「能彌綸天地之道」的學問，亦有其「修心養性」的功能，「與道合一」（修道）的內涵。《素問・上古天真論》：「上古之人，其知道者，法於陰陽，和於術數。」數之意義，不單是外在的算數、歷數、氣數，而是與理學中同等的「道」、「理」--心性的功能，北宋理氣家邵雍對此多有發揮：「聖人之心，是亦數也」、「萬化萬事生乎心」、「心為太極」。《觀物外篇》：「先天之學，心法也。……蓋天地萬物之理，盡在其中矣，心一而不分，則能應萬物。」反過來說，宋代的術數理論，受到當時理學、佛道及宋易影響，認為心性本質上是等同天地之太極。天地萬物氣數規律，能通過內觀自心而有所感知，即是內心也已具備有術數的推演及預測、感知能力；相傳是邵雍所創之《梅花易數》，便是在這樣的背景下誕生。

《易・文言傳》已有「積善之家，必有餘慶；積不善之家，必有餘殃」之說，至漢代流行的災變說及讖緯說，我國數千年來都認為天災，異常天象（自然現象），皆與一國或一地的施政者失德有關；下至家族、個人之盛衰，也都與一族一人之德行修養有關。因此，我國術數中除了吉凶盛衰理數之外，人心的德行修養，也是趨吉避凶的一個關鍵因素。

術數與宗教、修道

在這種思想之下，我國術數不單只是附屬於巫術或宗教行為的方術，又往往是一種宗教的修煉手段--通過術數，以知陰陽，乃至合陰陽（道）。「其知道者，法於陰陽，和於術數。」例如，「奇門遁甲」術中，即分為「術奇門」與「法奇門」兩大類。「法奇門」中有大量道教中符籙、手印、存想、內煉的內容，是道教內丹外法的一種重要外法修煉體系。甚至在雷法一系的修煉上，亦大量應用了術數內容。此外，相術、堪輿術中也有修煉望氣（氣的形狀、顏色）的方法；堪輿家除了選擇陰陽宅之吉凶外，也有道教中選擇適合修道環境（法、財、侶、地中的地）的方法，以至通過堪輿術觀察天地山川陰陽之氣，亦成為領悟陰陽金丹大道的一途。

易學體系以外的術數與的少數民族的術數

我國術數中，也有不用或不全用易理作為其理論依據的，如揚雄的《太玄》、司馬光的《潛虛》。也有一些占卜法、雜術不屬於《易經》系統，不過對後世影響較少而已。

外來宗教及少數民族中也有不少雖受漢文化影響（如陰陽、五行、二十八宿等學說。）但仍自成系統的術數，如古代的西夏、突厥、吐魯番等占卜及星占術，藏族中有多種藏傳佛教占卜術、苯教占卜術、擇吉術、推命術、相術等；北方少數民族有薩滿教占卜術；不少少數民族如水族、白族、布朗族、佤族、彝族、苗族等，皆有占雞（卦）草卜、雞蛋卜等術，納西族的占星術、占卜術，彝族畢摩的推命術、占卜術……等等，都是屬於《易經》體系以外的術數。相對上，外國傳入的術數以及其理論，對我國術數影響更大。

曆法、推步術與外來術數的影響

我國的術數與曆法的關係非常緊密。早期的術數中，很多是利用星宿或星宿組合的位置（如某星在某州或某宮某度）付予某種吉凶意義，并據之以推演，例如歲星（木星）、月將（某月太陽所躔之宮次）等。不過，由於不同的古代曆法推步的誤差及歲差的問題，若干年後，其術數所用之星辰的位置，已與真實星辰的位置不一樣了；此如歲星（木星），早期的曆法及術數以十二年為一周期（以應地支），與木星真實周期十一點八六年，每幾十年便錯一宮。後來術家又設一「太歲」的假想星體來解決，是歲星運行的相反，週期亦剛好是十二年。而術數中的神煞，很多即是根據太歲的位置而定。又如六壬術中的「月將」，原是立春節氣後太陽躔娵訾之次而稱作「登明亥將」，至宋代，因歲差的關係，要到雨水節氣後太陽才躔娵訾之次，當時沈括提出了修正，但明清時六壬術中「月將」仍然沿用宋代沈括修正的起法沒有再修正。

由於以真實星象周期的推步術是非常繁複，而且古代星象推步術本身亦有不少誤差，大多數術數除依曆書保留了太陽（節氣）、太陰（月相）的簡單宮次計算外，漸漸形成根據干支、日月等的各自起例，以起出其他具有不同含義的眾多假想星象及神煞系統。唐宋以後，我國絕大部分術數都主要沿用這一系統，也出現了不少完全脫離真實星象的術數，如《子平術》、《紫微斗數》、《鐵版神數》等。後來就連一些利用真實星辰位置的術數，如《七政四餘術》及選擇法中的《天星選擇》，也已與假想星象及神煞混合而使用了。

隨着古代外國曆（推步）、術數的傳入，如唐代傳入的印度曆法及術數，元代傳入的回回曆等，其中我國占星術便吸收了印度占星術中羅睺星、計都星等而形成四餘星，又通過阿拉伯占星術而吸收了其中來自希臘、巴比倫占星術的黃道十二宮、四大（四元素）學說（地、水、火、風），並與我國傳統的二十八宿、五行說、神煞系統並存而形成《七政四餘術》。此外，一些術數中的北斗星名，不用我國傳統的星名：天樞、天璇、天璣、天權、玉衡、開陽、搖光，而是使用來自印度梵文所譯的：貪狼、巨門、祿存、文曲，廉貞、武曲、破軍等，此明顯是受到唐代從印度傳入的曆法及占星術所影響。如星命術中的《紫微斗數》及堪輿術中的《撼龍經》等文獻中，其星皆用印度譯名。及至清初《時憲曆》，置閏之法則改用西法「定氣」。清代以後的術數，又作過不少的調整。

此外，我國相術中的面相術、手相術，唐宋之際受印度相術影響頗大，至民國初年，又通過翻譯歐西、日本的相術書籍而大量吸收歐西相術的內容，形成了現代我國坊間流行的新式相術。

陰陽學——術數在古代、官方管理及外國的影響

術數在古代社會中一直扮演着一個非常重要的角色，影響層面不單只是某一階層、某一職業、某一年齡的人，而是上自帝王，下至普通百姓，從出生到死亡，不論是生活上的小事如洗髮、出行等，大事如建房、入伙、出兵等，從個人、家族以至國家，從天文、氣象、地理到人事、軍事，從民俗、學術到宗教，都離不開術數的應用。我國最晚在唐代開始，已把以上術數之學，稱作陰陽（學），行術數者稱陰陽人。（敦煌文書、斯四三二七唐《師師漫語話》：「以下說陰陽人謾語話」，此說法後來傳入日本，今日本人稱行術數者為「陰陽師」）。一直到了清末，欽天監中負責陰陽術數的官員中，以及民間術數之士，仍名陰陽生。

古代政府的中欽天監（司天監），除了負責天文、曆法、輿地之外，亦精通其他如星占、選擇、堪輿等術數，除在皇室人員及朝庭中應用外，也定期頒行日書、修定術數，使民間對於天文、日曆用事吉凶及使用其他術數時，有所依從。

我國古代政府對官方及民間陰陽學及陰陽官員，從其內容、人員的選拔、培訓、認證、考核、律法監管等，都有制度。至明清兩代，其制度更為完善、嚴格。

宋代官學之中，課程中已有陰陽學及其考試的內容。（宋徽宗崇寧三年〔一一零四年〕崇寧算學令：「諸學生習……並曆算、三式、天文書。」「諸試……三式即射覆及預占三日陰陽風雨。天文即預

定一月或一季分野災祥，並以依經備草合問為通。」

金代司天臺，從民間「草澤人」（即民間習術數人士）考試選拔：「其試之制，以《宣明曆》試推步，及《婚書》、《地理新書》試合婚、安葬，並《易》筮法，六壬課、三命、五星之術。」（《金史》卷五十一・志第三十二・選舉一）

元代為進一步加強官方陰陽學對民間的影響、管理、控制及培育，除沿襲宋代、金代在司天監掌管陰陽學及中央的官學陰陽學課程之外，更在地方上增設陰陽學課程（《元史・選舉志一》：「世祖至元二十八年夏六月始置諸路陰陽學。」）地方上也設陰陽學教授員，培育及管轄地方陰陽人。（《元史・選舉志一》：「（元仁宗）延祐初，令陰陽人依儒醫例，於路、府、州設教授員，凡陰陽人皆管轄之，而上屬於太史焉。」）自此，民間的陰陽術士（陰陽人），被納入官方的管轄之下。

至明清兩代，陰陽學制度更為完善。中央欽天監掌管陰陽學，明代地方縣設陰陽學正術，各州設陰陽學典術，各縣設陰陽學訓術。陰陽人從地方陰陽學肄業或被選拔出來後，再送到欽天監考試。（《大明會典》卷二二三：「凡天下府州縣舉到陰陽人堪任正術等官者，俱從吏部送（欽天監），考中，送回選用；不中者發回原籍為民，原保官吏治罪。」）清代大致沿用明制，凡陰陽術數之流，悉歸中央欽天監及地方陰陽官員管理、培訓、認證。至今尚有「紹興府陰陽印」、「東光縣陰陽學記」等明代銅印，及某某縣某某之清代陰陽執照等傳世。

清代欽天監漏刻科對官員要求甚為嚴格。《大清會典》「國子監」規定：「凡算學之教，設肄業生。滿洲十有二人，蒙古、漢軍各六人，於各旗官學內考取。漢十有二人，於舉人、貢監生童內考取。附學生二十四人，由欽天監選送。教以天文演算法諸書，五年學業有成，舉人引見以欽天監博士用，貢監生童以天文生補用。」學生在官學肄業、貢監生肄業或考得舉人後，經過了五年對天文、算法、陰陽學的學習，其中精通陰陽術數者，會送往漏刻科。而在欽天監供職的官員，《大清會典則例》「欽天監」規定：「本監官生三年考核一次，術業精通者，保題升用。不及者，停其升轉，再加學習。如能黽勉供職，即予開復。仍不及者，降職一等，再令學習三年，能習熟者，准予開復，仍不能者，黜退。」除定期考核以定其升用降職外，《大清律例》中對陰陽術士不準確的推斷（妄言禍福）是要治罪的。《大清律例·一七八·術七·妄言禍福》：「凡陰陽術士，不許於大小文武官員之家妄言禍福，違者杖一百。其依經推算星命卜課，不在禁限。」大小文武官員延請的陰陽術士，自然是以欽天監漏刻科官員或地方陰陽官員為主。

官方陰陽學制度也影響鄰國如朝鮮、日本、越南等地，一直到了民國時期，鄰國仍然沿用着我國的多種術數。而我國的漢族術數，在古代甚至影響遍及西夏、突厥、吐蕃、阿拉伯、印度、東南亞諸國。

術數研究

術數在我國古代社會雖然影響深遠，「是傳統中國理念中的一門科學，從傳統的陰陽、五行、九宮、八卦、河圖、洛書等觀念作大自然的研究。……傳統中國的天文學、數學、煉丹術等，要到上世紀中葉始受世界學者肯定。可是，術數還未受到應得的注意。術數在傳統中國科技史、思想史，文化史、社會史，甚至軍事史都有一定的影響。……更進一步了解術數，我們將更能了解中國歷史的全貌。」（何丙郁《術數、天文與醫學中國科技史的新視野》，香港城市大學中國文化中心。）

可是術數至今一直不受正統學界所重視，加上術家藏秘自珍，又揚言天機不可洩漏，「（術數）乃吾國科學與哲學融貫而成一種學說，數千年來傳衍嬗變，或隱或現，全賴一二有心人為之繼續維繫，賴以不絕，其中確有學術上研究之價值，非徒癡人說夢，荒誕不經之謂也。其所以至今不能在科學中成立一種地位者，實有數因。蓋古代士大夫階級目醫卜星相為九流之學，多恥道之；而發明諸大師又故為惝恍迷離之辭，以待後人探索；間有一二賢者有所發明，亦秘莫如深，既恐洩天地之秘，復恐譏為旁門左道，始終不肯公開研究，成立一有系統說明之書籍，貽之後世。故居今日而欲研究此種學術，實一極困難之事。」（民國徐樂吾《子平真詮評註》，方重審序）

現存的術數古籍，除極少數是唐、宋、元的版本外，絕大多數是明、清兩代的版本。其內容也主要是明、清兩代流行的術數，唐宋或以前的術數及其書籍，大部分均已失傳，只能從史料記載、出土文獻、敦煌遺書中稍窺一鱗半爪。

術數版本

坊間術數古籍版本，大多是晚清書坊之翻刻本及民國書賈之重排本，其中豕亥魚魯，或任意增刪，往往文意全非，以至不能卒讀。現今不論是術數愛好者，還是民俗、史學、社會、文化、版本等學術研究者，要想得一常見術數書籍的善本、原版，已經非常困難，更遑論如稿本、鈔本、孤本等珍稀版本。在文獻不足及缺乏善本的情況下，要想對術數的源流、理法、及其影響，作全面深入的研究，幾不可能。

有見及此，本叢刊編校小組經多年努力及多方協助，在海內外搜羅了二十世紀六十年代以前漢文為主的術數類善本、珍本、鈔本、孤本、稿本、批校本等數百種，精選出其中最佳版本，分別輯入兩個系列：

一、心一堂術數古籍珍本叢刊

二、心一堂術數古籍整理叢刊

前者以最新數碼（數位）技術清理、修復珍本原本的版面，更正明顯的錯訛，部分善本更以原色彩色精印，務求更勝原本。并以每百多種珍本、一百二十冊為一輯，分輯出版，以饗讀者。

後者延請、稿約有關專家、學者，以善本、珍本等作底本，參以其他版本，古籍進行審定、校勘、注釋，務求打造一最善版本，方便現代人閱讀、理解、研究等之用。

限於編校小組的水平，版本選擇及考證、文字修正、提要內容等方面，恐有疏漏及舛誤之處，懇請方家不吝指正。

心一堂術數古籍珍本整理叢刊編校小組

二零零九年七月序

二零一四年九月第三次修訂

自序一

釋典有言四大和合虛妄名生。四大別離。虛妄名滅。佛言四大。儒言五行。人之一身。由四大和合而成。亦卽五行賦秉而成也。光熱爲火。潤澤爲水。流動爲風。質實爲地。而儒家五行之分類。除水火相同外。金屬爲金。纖維質爲木。不屬於金木之雜質爲土。故土又名雜氣。此與今之科學家人體物質之分析。固有不謀而合者也。人體之分析。曰鎂，曰鐵，曰銀。眼中有鉛。舌中有錫。肌肉中有銀。合人身血分之鐵，可鑄一釘。又云銀爲水芹生長之必須品。而人身之細胞。與植物之細胞。有同一之機能。命理非科學。固無須此詳細之分類。而其最顯著者。曰金屬，非金屬。金屬中有生長力者屬於木。無生長力如石灰等雜質屬於土。暖氣爲火。流質爲水。人身由五行和合而成之原理。固無可非難也。

人身之五行，由何而來。曰由於太陽之光綫。世界上凡百生物。皆藉太陽光線以生存。非獨人類然也。然則人之秉受有不同乎。曰不同。所秉五行。固無可見。然可徵之於聲。徵之於氣。人之聲音。各各不同。觸耳能辨。則由於娑婆世界。耳根最利也。人以耳根爲最利。犬以鼻根爲最利。人之氣息。一經於鼻。卽能分別。雖所用器物。無可逃遁。偵探家每利用之以破案。此可證明氣息人各不同也。然何以氣息有不同。則以秉受異也。

人之秉受不同。其原因固安在乎。曰由於感受太陽之光線。星球之吸力。隨時有不同也。春之氣和煦。秋之氣肅殺。夏熱而冬寒。此顯而易見者。潮汐之漲落。隨月球之吸力。此人目所能見者。以有形證無形。以明顯證隱微。則人之產生。豈有不受其影響。蟬以入秋而聲嘶。蟻知將雨而遷穴。虫體微細。易受感覺耳。

凡人脫離母體之時。卽爲獨立生活之時。其感受之光線吸力。卽爲人生之秉賦。秉賦所得。於其人生之進程。有宜不宜。而順逆生焉。子平之法。不外乎此。得氣之厚。神完氣足則壽。得氣之強。體大用宏則貴。反是則不永其年。或所如輒阻。貧賤夭折。必居其一。人生過程之光線吸力。於我適宜則順遂。不適宜則拂逆。故命不可背。運不可逃。藐茲人生。烏能與天行相抗乎。

古之談術數者。必精歷算。如李虛中，僧一行，袁天罡，皆是從日月，五星，盈朒薄蝕，以至納甲，納音。無不窮其理。術數其餘緒也。探本窮源。一以易爲宗。博大精深。包含萬象。而其衍繹則有皇極，太乙，堪輿，奇門，六壬，星命之不同。從五運六氣。以別秉受。從九宮星度。而分順逆。自子平之法出。源流所自。一概屏除。專以五行爲總訣。其法簡而易。然星命何以有關順逆吉凶之原理。則擱置不談。降至後世。流爲江湖餬口之具。儒者所不屑道。更無探本窮源。爲進一步之研究者。學術失傳。良可慨也。予少失學。淸季民初。兩入政界。勞而無功。撫憂患之餘生。悟命運之有定。卽因知果。無可强求。而術者推算。未能滿意。於是發心自習垂二十年。深愧學無根底。又乏師承。不能爲窮本探源之研究。略得皮毛而已。世有精於歷算而邃於易理者。進而爲科學的研究。則必有偉大之發明。茲編之作。聊供參考云爾。民國二十三年冬十月東海樂吾氏識

自序二

機緣起於人事。成敗定於命運。命運者，順逆也，處境之順逆也，處境之順。著手易成。順風揚帆。瞬息千里。處境之逆。所如輒阻。跋前疐後。如履荆榛。富貴貧賤。由是分途。天下有相同之命運。而無相同之人事。八字共僅五十一萬八千四百個程式。古今中外。豈無相同之命造。而人物無相同者。則因其人之環境異焉。嘗見富貴子弟之命造。其格局無瑕。運程順利。然以處境太順之故。憚於振作。蹉跎終老。一事無成也。若以相同之命造。而生於貧賤之家。則因環境逼迫之故。黽勉奮鬭。成績燦然。其成就無可限量。蓋禍祿相同也。順利相同也。而人事有不同也。今人之言命者。多以趨吉避凶爲言。不知成功雖在吉運中。而自求多福。往往在劣運中。造其因。失敗雖在劣運中。而自作之孽。往往在佳運中。植其因。吉凶成

古今名人命鑑　五

敗。互爲因果。若避失敗。則幷成功之機緣而失之。且劣運之中。非無好機緣也。然其機緣輒爲大失敗之根因。吉運之中。非無失敗事也。然而塞翁失馬。安知非福。莫之爲而爲者天也。莫之知而致者命也。盡人事以聽天命。方可以言命。知人生福祿之有定。不爲無益出位之思。知機緣之由人事。庶幾自強不息。無敢自暴自棄。古今名人命鑑者。非但命理之鑑。亦立命之鑑。己甲戌冬十月東海樂吾氏識於海上寓齋

古今名人命鑑卷一

歷代帝王命造

歷代名人命造

古今名人命鑑卷二

明清名人命造

古今名人命鑑卷三

現代名人命造一

古今名人命鑑卷四

現代名人命造二

外編

啓事　本編所集名人命造或摘自書報或承友人抄示輾轉傳述難免錯謬如承　閱者諸君糾其謬誤俾於再版時更正或抄示名人名造俾爲續編之資料同拜佳貺謹當奉贈本書藉酬盛意也

東海樂吾氏謹白

古今名人命鑑卷一

東海樂吾氏

古代帝王命造

元世祖

乙亥
乙酉
乙酉
乙酉

甲申 癸未 壬午 辛巳 庚辰 己卯 戊寅 丁丑

精神飽滿。氣象萬千。妙在亥字化煞滋身。或謂四乙酉當更佳。此外行語也。如無亥溝通。地氣不載。上下隔絕。旺煞尅身。氣象偏枯。貧夭之造也。查至元十三年丙子入主中原。以運衡之。當在卯運。日元祿旺，假煞爲權。巳運不死。宜乎其成帝業矣。

元順帝

丁未
壬子
乙未
丙子

辛亥 庚戌 己酉 戊申 丁未 丙午

寒木向陽。生於冬至後。一陽動而內火得用。雖失中原。猶存尊號。元統癸酉登位。時僅七歲。西北運程。宜乎失國矣。在位三十五年。終於洪武三年。失國與死。當同在申運之中。水旺傷用故也。

明太祖

戊辰
壬戌
丁丑
丁未

癸亥　甲子　乙丑　丙寅　丁卯　戊辰

辰戌丑未。四庫全備。名貴人黃樞。奇格也。妙在辰戌丑未順序。天乙陰陽全備。包舉四方而有之。宜其貴爲創業天子。戌未居於月時。日元有氣。年坐官庫。日坐財庫。戊土元神透出。吐露菁英。壬水官星。調和潤澤。配置適宜。初運癸亥甲子。窮無所歸。乙丑漸發展。丙寅丁卯盛極一時。戊辰己巳精神盡洩矣。洪武元年四十一歲登位。在位三十一年而終。

明建文帝

丁巳
壬子
己卯
癸酉

辛亥　庚戌　己酉　戊申　丁未　丙午

身衰失地。時日逢冲。財旺身弱。煞輕制重。殆所謂既不能令。又不從命者歟。命主遷移不定。失國宜矣。

明成祖

庚子
辛巳
癸酉
辛酉

壬午 癸未 甲申 乙酉 丙戌 丁亥

金水氣旺。財官秉令。祿貴同宮。天乙逢印。一清到底。精神飽滿。入財官旺運。遂一發而不可遏矣。酉爲將星。合巳爲羈絆。靖難兵起。歲在己卯。冲動將星。去其羈絆。越三年癸未登帝位。年已四十四。在位廿二年。亥運冲巳。財官被傷而終。

明穆宗

丁酉
癸卯
癸卯
辛酉

壬寅 辛丑 庚子 己亥 戊戌 丁酉

言納音者。以癸卯納音金。辛酉納音木。卯酉互換得祿。爲功作造化格。然以正五行論。偏印滋身弱中之旺。水木清華。得天乙文昌之助。更喜丁火透出。格局本清靈可貴。惜酉金緊冲。癸水緊刼。清中轉濁。元氣不厚。爲夭壽之徵。按隆慶丁卯登位。年已三十一。在位六年。至壬申而終。子申會。丁壬合。破丁火喜神也。

明神宗

癸亥
辛酉
癸亥
辛酉

庚申　己未　戊午　丁巳　丙辰　乙卯

兩神成象。金水雙清。神完氣足。一清到底。以亥暗冲己中財官。酉暗合之。酉暗冲卯壽星。亥暗合之。財官食神交互爲用。酉亥拱天門。氣聚於乾。四柱一旬。宜其爲太平天子也。滴天髓云。陰乘陰位陰氣盛。還須道路光亨。巳未之後。氣轉東南陽暖之地。運程適宜。按萬歷十一歲登基。在位四十八年。至卯運冲破壽星而終。

明武宗　正德

辛亥
戊戌
丁酉
戊申

丁酉　丙申　乙未　甲午　癸巳　壬辰

地支亥戌酉申。位次相連無間。名聯榮格。又辛亥乾宮。戌申坤位。年時得此。名天關地軸格。極貴。

明世宗 嘉靖

丁卯
己酉
辛巳
己亥

戊申 丁未 丙午 乙巳 甲辰 癸卯

己字塡實。不能以飛祿合局論格。然官印合祿。福澤自優。十六歲登基。在位四十年。至卯運丁卯年殂落。忌破祿明矣。

明光宗 泰昌

壬午
己酉
丙申
乙未

庚戌 辛亥 壬子 癸丑 甲寅 乙卯

時上正印高透。未爲印庫。日元所依賴。忌申酉財壞印。此常人命也。柱無比刼。運又不走刼鄉。宜乎不祿。在位僅三十日。年三十九。

明熹宗 天啓

己酉
壬申
甲午
甲子

辛未 庚午 己巳 戊辰 丁卯 丙寅

此造殊不見佳處。僅申中壬水透出。時逢子印。七煞化印。煞印相生爲貴耳。十三歲登基。在位七年而終。

明思宗 崇禎

辛亥
庚寅
乙未
己卯

己丑 戊子 丁亥 丙戌 乙酉 甲申

乙庚化金從木。寅亥卯未木局聚氣。則當從木之旺勢。庚辛金爲病明矣。壞在乙庚合。金不能去。交酉運甲申年殉國。金逢旺破木局也。在位十七年。

李太后

丙寅
庚子
壬子
壬寅

己亥 戊戌 丁酉 丙申 乙未 甲午

飛天祿馬。子聚冲午。寅午暗會。爲合格。寅中甲木無氣。故不能作食神生財論也。

清太宗 天聰

壬辰
辛亥
辛亥
丙申

壬子 癸丑 甲寅 乙卯 丙辰 丁巳

化氣格局。難得眞確。如此造丙辛化水。生於拾月●水旺得祿。壬水透出。年支坐辰。逢龍而化。化神眞確。毫無遺憾。福德秀氣俱備。尤妙在辰申拱子。四柱不雜一毫火土。財官印祿均在對宮拱照。宜乎英武超羣。福澤蓋世。雖未入關。統一蒙古。氣吞華夏。有清一代基業。實始於此。順治冲齡踐祚。稚子何知。行運尤妙。壬子癸丑。化神旺地。固無論矣。甲寅乙卯。化神洩秀。足見化神旺者喜洩。與正五行相同。化氣十段錦專以生旺為吉。呆定執一。固未可為訓也。丙辰丁三運均佳。至巳運火土旺地。冲破亥祿。壽元至此。若天假以年。清代開國之君。當為太宗而非順治也。

清世祖 順治

戊寅
乙卯
甲午
甲戌

丙辰 丁巳 戊午 己未 庚申 乙酉

地支寅午戌合局。食神生才。月令專祿。身旺能任。戊土引通木火之氣。清純可貴。然不類帝王之造。四歲行運。七歲登基。在丙運中。木火精英吐秀也。敝屣尊榮。在己戌旺運中。可異己。順治十八年。年二十有五。

清聖祖 康熙

甲午
戊辰
戊申
丁巳

己巳 庚午 辛未 壬申 癸酉 甲戌 乙亥

源遠流長之造。爲富貴壽考之徵。此造以木爲源。木火土金生生不已。五行缺水。而得巳申合化。申辰暗拱。循圜相生。周流不滯。運程五行無不相宜。一歲起運。九歲登基。在位六十一年。壽屆七旬。終於亥運。此類八字。最易忽略。粗視之似無可取。若以身強煞旺日祿歸時論格。福澤無如是之厚也。

清世宗 雍正

戊午
甲子
丁酉
壬寅

乙丑 丙寅 丁卯 戊辰 己巳 庚午

丁火貫通年時之氣。煞藏官露。日元坐貴。月德扶官。官煞得月令旺氣。喜得甲木引通其情。化敵爲助。按雍正即位巳四十六歲。在位十三年。歿於庚運。才破印也。或謂癸卯時存疑。

清高宗 乾隆

辛卯 丁酉 庚午 丙子

丙申 乙未 甲午 癸巳 壬辰 辛卯 庚寅 己丑

天干庚辛丙丁。火煉秋金。地支子午卯酉。氣全四正。坎離震兌氣貫八方。坐下端門。水火既濟。妙在子沖午。使午火不尅酉金。酉沖卯。使卯木不助午火。制伏得宜。包舉全局。宜其爲六十年太平天子。十全老人。從古帝王所僅有也。二十五歲登基。內禪後又四年而終。壽八十九。

清仁宗 嘉慶 乾隆二十五年十月初六日丑時

庚辰 乙亥 丁丑 辛丑

8丙子 18丁丑 28戊寅 38己卯 48庚辰 58辛巳

此造以水爲源。水木火土金循環相生。生意不悖。身弱用印。印逢天德。且年月日同居甲戌旬。貴徵也。八歲起運。寅運氣轉東方。三十七歲登位。在位二十五年。壽六十一而終。在辛運。才旺破印也。

清宣宗

道光 乾隆四十七年八月初八日寅時

壬寅
己酉
壬申
壬寅

8 庚戌
18 辛亥
28 壬子
38 癸丑
48 甲寅
58 乙卯

辛金秉令。官清印正。身旺四柱無才。用印而不用官。八歲起運。癸運辛巳年登基。年巳四十矣。己酉會合正印當旺故也。癸丑運。尚平穩。甲運之後。金木尅戰。內亂叠起。國本動搖。一人有慶。兆民賴之。其關係不綦重哉。卯運破酉而終。在位廿九年。壽六十八。

又蒙楊德烜君抄示爲甲戌日丙寅時。未知孰是。

清文宗

咸豐 道光十一年六月初九日丑時

辛卯
乙未
己丑
乙丑

3 甲午
13 癸巳
23 壬辰
33 辛卯
43 庚寅
53 己丑

身旺用煞。假煞爲權。六月土燥木枯。無水以潤澤之。嫌辛金緊尅。非統御全局之命也。內亂外患。不亡幸矣。三歲起運。巳運辛亥年二十一歲登基。蓋巳丑合。亥卯未全會木局也。在位十一年。至辰運辛酉年辰酉合金尅乙冲卯。用神傷盡。不祿宜矣。

清穆宗

同治
咸豐六年三月廿三日未時

丙辰
壬辰
庚辰
辛未

3 癸巳
13 甲午
23 乙未
33 丙申
43 丁酉
53 戊戌

年干丙火。壬水緊剋。三月火相。得未中餘氣。八字雖清純。而用神薄弱無力。亦非統御命也。三歲起運。七歲登基。在巳運中。固也。在位十三年。午運遽而不祿。帝王家內幕。非外人所知矣。

清德宗

光緒
清同治十年六月廿八日寅時

辛未
丙申
丁亥
壬寅

2 乙未
12 甲午
22 癸巳
32 壬辰
42 辛卯
52 庚寅

丁壬寅亥。干支皆合。名天地德合。丙辛化水。格局頗清。但細按之。生於申月。火臨絕地。以印化官。庚金傷印。身弱喜刦。刦化為煞。日元孤立。外被坎水包圍。丁火柔中。內性昭融。如有嫡母。可秋可冬。有印生化。本不懼水。無如旺申沖寅。木衰被制。以運而論。乙未甲午。可稱佳運。癸巳尚可行。但癸水蓋頭。己亥逢沖。處處製肘。戊戌年逢墓庫。歲運均助。

宜若有爲。然煞強身弱。祇能用印引通官煞之情。若力不足而強制。反激成禍。滴天髓所謂弱者扶之無益。不如順其強勢是也。不自量力。遂起政變。交入壬辰。金水爲災。流年庚子。遂起拳禍。戊申年兩申冲寅。辰申會合拱子。憂囚而死。亦可哀矣。

宣統 清光緒三十二年正月十四日寅時

丙午
庚寅
壬午
壬寅

9 辛卯
19 壬辰
29 癸巳
36 甲未
49 乙午
59 丙申

庚金爲源而臨絕地。壬水無根。不能敵輿薪之火。滴天髓云。五陽從氣不從勢。生於立春後三日。戊土司令。寅午合局。丙火透干。從火旺氣。爲必然之勢。惜支成火局而不逢時。主名利虛浮。(見寶鑑)九歲起運。四歲登基。小限甲戌。行年己巳也。癸運壬水見根。既不能令又不受命。交入巳運之後。庶有豸乎。

慈禧后 清道光十五年十月初十日子時

乙未
丁亥
乙丑
丙子

3	13	23	33	43	53	63	73
戊子	己丑	庚寅	辛卯	壬辰	癸巳	甲午	乙未

乙貴在子。丙貴在亥。亥子丑氣全北方。用神在印。寒木向陽。喜丙丁解凍水木愈秀年月拱祿日坐財庫。帶偏官夫星入墓。寅運官臨絕地。咸豐殂落。五歲起運。辛至癸廿五年。水木旺運。成中興之業。至巳財破印。而有庚子拳禍。午運冲子。貴印盡破而終。壽七十四。臨朝四十餘年。成同治中興之治。晚德不終。莫非運也。或云己卯時。未知孰是。

歷代名人命造

孔子

庚戌
戊子
庚子
甲申

己丑	庚寅	辛卯	壬辰	癸巳	甲午

此據史記家語所載。然周正建子。周之十月。今之八月。似當作乙酉。又據路史爲己酉年癸酉月。代遠年湮。歷法屢更。無從稽考矣。

顏子

己丑
辛未
丙午
戊子

庚午　己巳　戊辰　丁卯　丙寅　乙卯

相傳如是。究難信其爲眞。戊子化官爲刼。丁運刃旺刼財。貧窮短命。或以此歟。

韓信

辛酉
丁酉
乙卯
乙酉

丙申　乙未　甲午　癸巳　壬辰　辛卯

乙卯專祿。偏官秉令。元神透出。得制爲貴。身強煞旺。假煞爲權。此所以將兵多多益善歟。運入水鄉。食神被奪。七煞無制而傷身。卒遭鐘室之禍。

猗頓

壬辰
戊申
甲戌
丙寅

己酉　庚戌　辛亥　壬子　癸丑　甲寅

時上歸祿。身旺任財。日坐財庫。財命有氣。富稱敵國。惜寅申辰戌互沖。不免先富後貧。書云。土厚則富。有金反覆。蓋忌申金傷寅祿也。

石崇

巳卯
壬申
丙申
壬辰

辛未　庚午　己巳　戊辰　丁卯　丙寅

丙申專財。生於秋金旺時。富稱敵國。喜己土制煞。卯印滋身。迨印破食奪。空負金谷之名。卒遭殺身之禍。

陶朱公

丙寅
己亥
庚申
辛巳

庚子　辛丑　壬寅　癸卯　甲辰　乙巳

相傳有此八字。無從考其眞僞。特就命造而論。確是富而有福。

韓愈

戊申
庚申
癸酉
丙辰

辛酉　壬戌　癸亥　甲子　乙丑　丙寅

癸生申月。死處逢生。庚金剛銳。非火鍊無由顯達。惜才官無氣。運走刼鄉。名高千古。送窮無術。

呂洞賓

丙子　癸巳　辛巳　癸巳

甲午　乙未　丙申　丁酉　戊戌　己亥

修道之中。惟佛教脫離生死海。不隨五行轉移。神仙修鍊。不過抵抗五行之銷鑠而已。不能脫離五行範圍也。辛生巳月。官星得祿。爲極貴之格。不爲宰輔。便作神仙。

范祖禹

辛丑　辛丑　壬辰　辛丑

庚子　己亥　戊戌　丁酉　丙申　乙未

天寒地凍。印旺提綱。氣從金水。運行西北。格成淸貴。所謂從其強勢是也。

歐陽文忠公

丁未
戊申
乙卯
戊寅

丁未 丙午 乙巳 甲辰 癸卯 壬寅

申月木凋金旺。喜得戊土蓋頭。聯火金之氣。乙卯專祿。得寅時之生。身旺足以任官。樹大根深。得金而成棟樑之器。合官有情。用神專一。此所謂財官雙美也。

文潞公 彥博

癸亥
乙丑
庚戌
丙子

甲子 癸亥 壬戌 辛酉 庚申 己未

亥子丑聚北方之秀。庚金洩氣。用神在印。喜丙火解凍。非用也。五行全備。性定氣厚。不旺不弱。富貴壽考之徵也。

富弼

丙辰
丙寅
辛巳
癸巳

丁卯　戊辰　己巳　庚午　辛未　壬申

金水休囚。春陽燥烈。妙在辰支濕土。蓄水生金晦火。用必在辰。日時辛癸合巳中丙戊。眞氣交互。亦富貴壽考之徵也。

寇準

辛巳
癸巳
辛巳
癸巳

壬辰　辛卯　庚寅　己丑　戊子　丁亥

天干癸辛。地支四巳。似乎上下無情。不知巳中丙戊。上合癸辛。適成水火既濟。爲兩神成象之變局也。火得旺氣。宜行北方水地。

邵康節

辛亥　辛丑　甲子　甲戌

庚子　己亥　戊戌　丁酉　丙申　乙未

滴天髓云。水奔而性柔者。全金木之神。地支聚西北之秀。從其旺勢。金水木相生。爲人必剛柔相濟。仁德兼資。積學篤行。名高千古。非一時代之人物也。

范仲淹 文正

丙午　己亥　戊子　壬子

庚子　辛丑　壬寅　癸卯　甲辰　乙午　丙已　丁未

戊土通根於午。十月陽春。甲木萌芽。財旺生官。水木火土。連環相生。生意不悖。日元雖弱。無傷也。初逢金水。困苦流離。運轉東南。老當亦壯。位高望重。一代名臣。而年時交互官星。尤爲富貴壽考之徵。

韓琦 魏公

戊申
庚申
庚辰
庚辰

辛酉　壬戌　癸亥　甲子　乙丑　丙寅　丁卯　戊辰

天干三朋。地支申辰。土金氣專。力足以冲動對宮祿馬爲用。事業彪炳。當在丙運之後。老而愈壯。氣吞河山。威震遼夏。良非無因。戊申庚申名食神同窠。富貴壽考之徵也。又云己未壬申甲子丙寅未知孰是。

呂惠卿

壬申
己酉
丁巳
庚子

庚戌　辛亥　壬子　癸丑　甲寅　乙卯

巳從酉化。丁火虛脫。棄命從才必矣。日坐官貴。月逢才祿。並逢天乙。宦途有拔茅連茹之慶。然而最得意時期，亦不過丑運五年耳。一至甲運。並奪日地位不能保。窮達在命。小人又何必爲小人乎。

王安石

甲申
丙寅
丁酉
辛丑

丁卯　戊辰　己巳　庚午　辛未　壬申

丁生寅月。甲丙並透。酉丑金局。才透而不礙印。身旺有託。名重儒林。印清無傷。貴居宰輔。天干四字。交互得貴。此所以名高千古歟。

楊令公

丁亥
丁未
丁卯
己酉

丙午　乙巳　甲辰　癸卯　壬寅　辛丑

天干三朋。集貴於酉。（夏至後天乙在酉）日坐將星。官貴居之。未通月氣。印貴居之。所以武略非常。百戰百勝。

章惇 子厚

丁亥
戊子
丁未
壬寅

丁亥　丙戌　乙酉　甲申　癸未　壬午

丁壬假化，得氣於時。亥未拱祿。月垣癸水上浮。見戊而化。則氣從木火矣。而四柱又迭相官印。官職崇高。亦固其所。

蔡京

丁亥
壬寅
壬辰
辛巳

辛丑　庚子　己亥　戊戌　丁酉　丙申

丁亥壬寅。名官星六合。以同居一旬爲貴。丁壬寅亥化木。食神吐秀。當以文章華國。時上正印坐貴。寅辰夾卯。亥暗合之爲拱貴。陰陽兩貴夾拱日辰。宜乎其爲宰輔矣，

蘇東坡

丙子　辛丑　癸亥　乙卯

壬寅　癸卯　甲辰　乙巳　丙午　丁未

亥子丑氣全北方。丙辛化助。坎宮氣聚。乙卯專木。洩其精英。一清到底。精神純粹。此天地靈秀之氣也。卯爲貴人文昌。文章千古。有以也。惜四柱無財。丙火化刼。否則何患不至宰輔乎。

佛印禪師

乙巳　壬午　巳丑　巳丑

辛巳　庚辰　己卯　戊寅　丁丑　丙子

月垣建祿。水木休囚。水木火土。及身而止。固宜點綴山林。雲無心而出岫。金爲秀氣。深藏庫墓。此所以爲文人學士之侶。而非紫衣大師也。

丘濬

辛丑
庚子
乙巳
戊寅

己亥 戊戌 丁酉 丙申 乙未 甲午

煞旺身弱。妙在月垣印綬秉令。化煞滋身。以金爲源。水木火土。循環不斷。而歸結於寅。爲木神祿旺之地。此所以壽考維祺歟。

秦檜

庚午
己丑
乙卯
壬午

庚寅 辛卯 壬辰 癸巳 甲午 乙未

乙卯專祿。己土元神。氣貫年時。食神同窠。富貴固所自有。無如乙庚貪合。壬水貪生。官印無根。用神不專。所謂才勝德者。用顯多能之象是也。用之不得。志切貪求。而身強才旺。又足以濟其惡。此奸佞之所以成爲奸佞歟。

岳飛

癸未
乙卯
甲子
己巳

甲寅　癸丑　壬子　辛亥　庚戌　己酉

陽刃司令。干露支合。癸印貼身相生。刃旺極矣。庚煞藏巳逢生。成煞刃相濟之局。亥運合刃冲煞。年逢辛酉。合煞冲刃。煞刃相戰而不降。此所以慘遭奇禍歟。

朱文公 熹

庚戌
丙戌
甲寅
庚午

丁亥　戊子　己丑　庚寅　辛卯　壬辰

甲寅專祿。支全火局。年時兩煞。固可化煞爲權。然庚金居火旺地。煞之根被奪。木秀得地。丙火獨透。光芒萬丈。文章千古事業。固非一時利祿所可比擬也。

李綱

癸亥　己未　甲申　甲子

戊午　丁巳　丙辰　乙卯　甲寅　癸丑

甲臨煞地。子申暗會。煞化爲印。亥未合局。通月令之氣。但交至刼運。羣比爭財。不免困難備嘗矣。

賈似道

癸酉　庚申　丙子　丙申

己未　戊午　丁巳　丙辰　乙卯　甲寅

丙火無根。日落西山。陽氣衰矣。地支金水。年月透干。棄命相從無疑。庚申專祿。財富本優。子申化合爲煞。洩財之氣。則因財致禍。爲必然之勢矣。

史彌遠

甲申　丙寅　乙卯　辛巳

丁卯　戊辰　己巳　庚午　辛未　壬申

乙木根深。最宜陽地。春陽獨透。在理富而不貴。妙在丙辛巳申遙合。得無形之潤澤。兩意情通。煞化爲印。然而意志不定。患得患失。始賢終佞。良非無因也。

眞西山 德秀

戊戌　壬戌　壬申　癸卯

癸亥　甲子　乙丑　丙寅　丁卯　戊辰

秋水通源。偏官秉令得力在卯。天乙照臨。五行缺火。而得天地間無形之火。生化有情。此所以德業文章。爲千古所宗歟。

趙孟頫

甲寅
甲戌
己酉
己巳

乙亥 丙子 丁丑 戊寅 己卯 庚辰

化土得令。寅戌會火局以生身。己酉合金局以洩秀。精華發越。神清氣秀。此所以文章華國而貴為文學侍從之臣也。

元托克托

壬辰
丁未
己丑
己巳

戊申 己酉 庚戌 辛亥 壬子 癸丑

金神格最喜火鄉。生於六月。餘燄猶熾。未為木庫。丁壬化為偏官。時逢旺刃。成煞刃相濟之局。戌運沖開火庫。金神入制鄉。貴至宰輔。亥運水旺之地。金神無制。歲逢戊辰。溼土生金。死於鴆毒。年三十七。

庫庫

壬辰
甲辰
丙戌
戊戌

乙巳　丙午　丁未　戊申　己酉　庚戌

四柱純陽。天干壬甲，丙戊。以次相生。地支辰戌。次序不亂。乃順食格也。

達什特穆爾

甲寅
戊辰
丙午
丙申

己巳　庚午　辛未　壬申　癸酉　甲戌

寅辰夾卯，辰午夾巳。午申夾未。名地支夾拱格。

古今名人命鑑卷二

東海樂吾氏

明代名人命造

于謙 忠肅

戊寅
丁巳
癸卯
壬戌

戊午　己未　庚申　辛酉　壬戌　癸亥

戊癸化火。得月令旺氣。丁壬化木生助。地支木火相生。上覆下載。精氣純粹。此天地間之眞氣也。惜乎僅戊運五年。略伸其志。若運程東南。勳名事業。當不在宋之韓范下也。

王守仁

壬辰
辛亥
癸亥
癸亥

壬子　癸丑　甲寅　乙卯　丙辰　丁巳

倒飛天祿馬格。地支三亥，氣聚力專。足以冲動對宮祿馬。運逢食神財旺之鄉。精氣流動。所以勳名事業。蓋世無儔。道德文章。名垂千古。

張居正

乙酉
辛巳
辛酉
辛卯

庚辰　己卯　戊寅　丁丑　丙子　乙亥

辛酉專祿。月令官印得祿。年干乙木。引歸時上得祿。格成三奇。四月天德在辛。年時辛乙互換得祿。

此所以爲黑頭宰相也，

嚴嵩

庚子
己卯
癸卯
辛酉

庚辰　辛巳　壬午　癸未　甲申　乙酉　丙戌　丁亥

功作造化格。與明穆宗造相似。而壽夭不同。食神不傷。土金水木循環相生。天乙照臨。水木精華吐秀。宜乎文章蓋世。貴爲台輔也。惜五行缺火。秀氣不得流行。時上梟神。不當有後。世蕃乃其妻弟之子也。年過八旬。卒遭放逐。亦可爲不知止之戒矣。

嚴世蕃

癸酉
丙辰
辛卯
辛卯

乙卯　甲寅　癸丑　壬子　辛亥　庚戌

月透官星。兩辛爭合。癸水緊剋。官不足用。辰酉合金。身旺足以任才。然至庚辛運中。比刼遇財而爭。則財眞爲禍根矣。

趙文華

癸未
己未
辛亥
甲午

戊午　丁巳　丙辰　乙卯　甲寅　癸丑

官貴同宮。天德合印。己未燥土。不能生金。妙在得癸亥之水潤澤。方能任其才。官運行東南。致身通顯。

徐階

癸亥 辛酉
壬戌 庚申
癸未 己未
壬子 戊午
丁巳
丙辰

此名前引後從格。太歲爲君壬子前引。壬戌後從，引遠從近。不封侯。必拜相，並且六水環繞戌未燥土。如海上瀛洲。庫藏悉備。土旺當令。足以砥柱中流。己未之後。助起才官。如庫藏中物。逐一取出享用不盡。其富貴壽考固宜。

劉瑾

己巳 辛未
壬申 庚午
己酉 己巳
甲戌 戊辰
丁卯
丙寅

化土不眞，地支全金。得西方兌氣。秀氣發越。聰明外露。機巧過人。但精華盡洩。元氣大傷。金旺土虛。烏能有終乎。

李東陽

丁卯　丁未　癸亥　己未

丙午　乙巳　甲辰　癸卯　壬寅　辛丑

丁卯己未納音火。丁未癸亥納音水。坎離乘旺。一氣周流。名聚精會神。主貴顯有壽。癸亥自旺。食神聚秀。未中丁己元神透出。才官並旺。得時得地。其貴顯而壽也固宜。

楊一清

甲戌　丙子　壬午　丁未

丁丑　戊寅　己卯　庚辰　辛巳　壬午

一旬三位。貴列三台。水火乘旺得地，亦聚精會神格也。才旺官清位必顯。一作甲戌甲戌甲戌乙丑。未知孰是。

劉瑜 伯温子襲爵誠意伯

庚子 戊寅 庚辰 壬午

己卯 庚辰 辛巳 壬午 癸未 甲申

地支連茹格極貴。但坎離之氣。剋洩交加。庚金無根。官旺化鬼。不能作福。非運扶身不可。蔭餘安享。固少年公子老封君也。

楊溥

己巳 庚午 乙卯 庚辰

己巳 戊辰 丁卯 丙寅 乙丑 甲子

乙卯專祿。生於午月。火土並旺。若時上庚官坐辰。才生官爲用。丙丁傷官貴。繫獄十年。封印滋身。卒爲宰輔。同心輔政。一代名臣。

楊榮

辛亥
辛丑
戊子
丁巳

庚字
己亥
戊戌
丁酉
丙申
乙未

日祿歸時。土金傷官佩印。喜四柱無一點官星。不傷日祿。子水合丑化土。又罩於戊土之下。不傷丁火之用。運走土厚食傷印綬之鄉。允宜官居極品。富貴雙全。歷事四朝。功名終始。

海瑞

甲戌
丁丑
乙卯
壬午

戊寅
己卯
庚辰
辛巳
壬午
癸未

臘月土凍木凋。喜得月干丁火。得祿於午。卉木向陽。冬日可愛。財官皆可用矣。或謂癸酉辛酉乙巳丁亥。未知孰是。

李春芳

庚午　己丑　丁酉　癸卯

庚寅　辛卯　壬辰　癸巳　甲午　乙未

日坐天乙。時逢官貴。秀氣所鍾。雖生於臘月。身衰鬼旺。而年逢庚午。丁火得祿。干透己庚。食神生才。五行中和。宜其淸貴。惟不通月令之氣。少發皇耳。

胡宗憲

壬申　辛亥　丁酉　壬寅

壬子　癸丑　甲寅　乙卯　丙辰　丁巳

丁壬化木。得月時之氣。雖辛酉破格。然假化而運行得地。無異於眞。滴天髓所謂異姓孤兒能出類是也。中年之後。運轉東南。剋除病神。以一縣宰而累升巡按。握兵符。破倭寇。建平賊之功。宜矣。卒謚襄愍。

戚繼光

戊子　癸亥　己巳　乙亥

甲子　乙丑　丙寅　丁卯　戊辰　己巳

日時甲己乙庚互合。眞氣往還。爲貴顯之徵。才旺生煞。日元坐刃。煞刃相濟。必握兵符。三十登台。威震海疆。煞旺得地也。煞刃不相冲激。功名所以終始。

劉大夏

丁亥　癸丑　庚戌　戊戌

壬子　辛亥　庚戌　己酉　戊申　丁未　丙午

魁罡格重在才官。身強必貴。然寒金喜火煉。丁火歸庫。其發當在晚年。

高耀

甲戌
庚午
戊辰
庚申

辛未 壬申 癸酉 甲戌 乙亥 丙子

庚申時逢戊日。名食神干旺之方。歲月犯甲丙卯寅。此乃遇而不遇。(見喜忌篇)此造年雖透甲。得庚制之。專食合祿。又帶三奇。富貴固所自有。何必要結以固位哉。

王崇古

乙亥
辛巳
戊申
庚申

庚辰 己卯 戊寅 丁丑 丙子 乙亥

專食合祿而得祿馬同鄉。又天關地軸。乾坤淸夷。惜甲藏亥。三奇不全透。然而身歷七鎮。勳著邊陲。韓范之流亞也。

高拱 椒山

壬申　癸丑　癸丑　甲寅

甲寅　乙卯　丙辰　丁巳　戊午　己未

天寒水凍。得力在時。喜申遙冲。寅中丙戊因冲而動。才官得用。運行東南。高官厚祿。

楊繼盛

丙子　甲午　丁酉　癸卯

乙未　丙申　丁酉　戊戌　己亥　庚子

子午卯酉。四正之位。亦四冲之地。丁生午月。月令建祿。身旺殺弱。當以財滋弱殺爲用。日元自坐才祿之宮。又爲天乙文昌之地。冲尅交加。戊運化癸。官化爲刼以爭才。太歲乙卯。寃遭奇禍。慘巳然而文章氣節。自足千秋。則得坎離震兌之正氣也。

王鳳洲 世貞

丙戌
庚午
甲申
辛未

辛未 壬申 癸酉 甲戌 乙亥 丙子

未爲木庫。甲木盤根。天乙同宮。逢凶得化。偏官食神勢均力敵。文章千古事。奚必服官招尤。

王鴻儒

己卯
乙亥
乙未
丙戌

甲戌 癸酉 壬申 辛未 庚午 己巳

亥卯未結局。丙火洩秀。氣旺神完。冬日可愛。秀氣流行。少雖窮困。運轉南方。必然上達。老而益壯。名重士林。此所謂清貴也。

王象乾

丙午　庚寅　壬申　癸卯

辛卯　壬辰　癸巳　甲午　乙未　丙申　丁酉　戊戌

日臨坤位。寅午拱乾。天乙居時。吉星環照。棄印就才。水火既濟。宜乎老當益壯。威震九邊。

方逢時

壬午　乙巳　甲辰　己巳

丙午　丁未　戊申　己酉　庚戌　辛亥

金神居時。離宮秉令。制服得宜。運歷南方。少年科第。西方官煞。功名迍蹇。巳午火旺。甲木少印。晚年運至北方。坎離相濟。威震九邊。貴極人臣。功名與王崇古相亞。世稱方王。足見金神格喜火之說。不可拘泥也。

方從哲

壬戌
己酉
甲子
辛未

庚戌 辛亥 壬子 癸丑 甲寅 乙卯

官星臨貴。得月令旺氣。官星爲用明矣。無如甲己貪合。志在於財。而財亦得貴。雖官清印正。而二者不可得兼。所以獨相七年。無所康正。紅丸案起。進退失措。所謂才勝德者。用顯多能之象是也。

董其昌

己卯
戊寅
乙卯
庚辰

丁丑 丙子 乙亥 甲戌 癸酉 壬申

東方一氣。乙木乘旺。時逢庚辰。溼土養金。官清才旺。雖運途起伏不常。而能不激不隨。獨免於閹豎黨人之禍也。

謝遷

己巳　丁丑　甲戌　甲子

丙子　乙亥　甲戌　癸酉　壬申　辛未

子戌夾亥。暗拱天門。會同帝闕。爲甲木長生之地。巳丑暗拱酉金。爲甲木正官。丁火解凍。土暖金温。四柱中和。運走西方。丑中官星。元神引出。官旺得地。宜乎爲一時賢相。千古名臣。

仇鸞

癸亥　丙辰　癸巳　丙辰

乙卯　甲寅　癸丑　壬子　辛亥　庚戌

兩干不雜。地支亥巳。丙癸得祿。坎離旣濟。用才甚明。雖火相水退。而辰中蓄水。運走北方。身旺則才得用矣。

熊廷弼

己巳
丙寅
癸未
丙辰

乙丑 甲子 癸亥 壬戌 辛酉 庚申

正月木旺火相。辰爲水庫。日元通根。然身弱極矣。雖年坐天乙。月透月德。亦須運走刼鄉。方能助其吉。戌運會火冲辰。不得其死。然傳首九邊。非其罪也。哀哉。

楊鎬

乙卯
戊寅
辛亥
丁酉

丁丑 丙子 乙亥 甲戌 癸酉 壬申

時上偏官坐貴。年月寅卯透乙。才生煞旺之局。無如寅中丙火。暗合日元。用神不專。宜乎意志無定。

夏言

壬寅
丁未
丙寅
壬辰

戊申　己酉　庚戌　辛亥　壬子　癸丑

時煞得用。但四柱無金。時煞孤立無輔。刼印重重。非運走金水之鄉。盻起壬煞。聲名不能顯達。辰爲水庫。辰庫不破。尙有蓄水之地。不致滴水煞乾也。

王鏊

庚午
乙酉
戊子
癸丑

丙戌　丁亥　戊子　己丑　庚寅　辛卯

戊癸乙庚。各自相合。庚金食神。旺於酉。貴於丑。癸爲財而祿於子。金水相生。午火通根。日元不弱。又戊癸子丑。日時干支相合。名天地德合。貴祿交護。宜乎名震當世。貴極人臣。

楊漣

壬申　戊申　乙未　庚辰

己酉　庚戌　辛亥　壬子　癸丑　甲寅

乙未日坐身庫。年干透印。日元雖弱。不能從化。用壬水洩庚金剛銳之氣。運走印鄉。令聞廣譽。天啓五年乙丑。爲魏忠賢所害。死錦衣獄。必在丑運中。兩丑冲未庫也。

袁宗道

庚申　己卯　壬子　庚子

庚辰　辛巳　壬午　癸未　甲申　乙酉

刃旺身強。卯木洩秀。水木傷官格。惜庚金太旺。官星無氣。四柱缺火。不能破偏印而生官星。運走南方。淸貴而已。

俞大猷

癸亥　丁未　己酉　壬申

丙午　乙巳　甲辰　癸卯　壬寅　辛丑

己酉生臨未月。丁巳元神透露。得時令旺氣。金水洩秀。尤喜丁壬亥未暗合官星。不破傷官之局。宜乎謀定而行。先計後戰。屢破倭寇。克建宏勳。在軍五十年。未嘗挫衄。爲有明一代名將也。

孫承宗

癸亥　甲寅　甲辰　壬申

乙卯　丙辰　丁巳　戊午　己未　庚申

甲木生於寅月。天干印刦相助。地支寅亥合木。身旺敵煞。時上庚金得用。辰土生之。所以以文臣而督師也。然初春木嫩。四柱無火。七煞缺制。只宜運行火鄉。一至庚申。七煞傷身矣。

熊文燦

乙亥
辛巳
甲子
丙寅

庚辰　己卯　戊寅　丁丑　丙子　乙亥

日祿歸時。子寅拱貴。丙辛化合。格局破而不破。宜乎青雲得路。巳中丙戊得祿。食神生才爲用。亥運冲巳。得罪論死。

周延儒

己丑
丙子
癸亥
癸亥

乙亥　甲戌　癸酉　壬申　辛未　庚午

癸水冬生。丙火無氣。應照飛天祿馬取用。但究以丙己塡實。格局有破。卒以撫賊失機。癸未年論死。年五十五。當在未午運中也。

沈一貫

丁酉　甲辰　庚寅　壬午

癸卯　壬寅　辛丑　庚子　己亥　戊戌

春金雖弱。辰酉合生。足任才官。甲祿於寅。丁祿於午。寅午拱合。官旺才淸。又得運助。宜乎貴矣。惜貴而不秀。在朝碌碌。無所康正。

聞淵

庚子　甲申　庚寅　丙戌

乙酉　丙戌　丁亥　戊子　己丑　庚寅

秋金剛銳。喜得火煉以成器。蓋火金相成格也。地支坎離對持。得甲通關。水火相濟。甲祿在寅。生化有情。喜北方制煞運。氣轉東方。宜急流勇退矣。

潘潢

丙辰　丙申　丙申　壬辰

丁酉　戊戌　己亥　庚子　辛丑　壬寅

天干三朋。壬煞獨透。名爲一將當關。惜無印。坎離之氣。不得溝通。雖守正不阿。而志不得伸。

商輅

甲午　丁卯　己卯　辛未

戊辰　己巳　庚午　辛未　壬申　癸酉

官清印旺。得氣通根。官得印衞。尤喜無才。印綬不傷。氣定神清。所以文才縱橫。名聞天下。內方外圓。寬厚有容。宰相器也。

崔呈秀

甲戌　辛未　甲戌　丙寅

壬申　癸酉　甲戌　乙亥　丙子　丁丑

日祿歸時。用財則富。丙辛化合。不損格局。但戌未俱燥土。土旺木折。只宜行水鄉。丙辛無形之水。不足以相濟。不逢支助。亦不能化水也。

孫傳庭

癸巳　丁巳　乙巳　壬午

丙辰　乙卯　甲寅　癸丑　壬子　辛亥

三巳一午。火旺木焦。壬癸無根。滴水熬乾。氣從火。順其旺則成炎上之威。逆其勢激成暴烈之性。一戰成仁。亦可千古。

李維楨

丁未
辛亥
丁酉
甲辰

庚戌　己酉　戊申　丁未　丙午　乙巳

干透才印。支成才印兩局。各不相礙。平和中正。福壽康甯之徵。印星清秀。文學傳世。

趙南星

庚戌
庚辰
丁酉
壬寅

辛巳　壬午　癸未　甲申　乙酉　丙戌

丁壬化合。庚金破局。辰酉又合金。化而不化。但用仍取印。去病用刼。運非印刼之鄉。志願難伸。

李成粱

丙戌　丙申　乙未　己卯

丁酉　戊戌　己亥　庚子　辛丑　壬寅

時上歸祿。日時合局。生於申月。官星得地。丙火制煞太過。喜李爲朝鮮人。東方乙木得氣。己土通根戌未。土厚生金。運走金旺之地。宜其貴矣。

祖大壽

己卯　丁丑　丁亥　壬寅

丙子　乙亥　甲戌　癸酉　壬申　辛未

丁亥日坐天乙。壬寅配合官印。加以天地德合。宜爲極貴之格。無如生於臘月。運行金水之鄉。不得陽和之氣。木火何由發舒。卒至計窮力竭。叛降無常。

盧象昇

庚子
庚辰
丁未
辛亥

辛巳 壬午 癸未 甲申 乙酉 丙戌

時逢辛亥。得財官印三奇之貴。子辰拱官。亥未拱印。干露明才。惜生臨辰月。日元旺氣不足。非印刼之鄉。不免遇事掣肘。奮戰而死。忠義之氣。足垂千古。蓋運走金鄉。才破印也。

史可法

癸酉
乙丑
丙辰
辛卯

乙卯 甲寅 癸丑 壬子 辛亥 庚戌

丙辛化水。生於丑月。丙火必化。酉丑合金。生助化神。乙卯洩化神之秀。運走北方化神逢旺。福祿之徵。此造疑不類。恐未必眞確也。

馮保 太監

辛巳
己亥
癸巳
辛酉

戊戌 丁酉 丙申 乙未 甲午 癸巳

年日坐天乙。月令逢旺氣。身旺有托。巳煞透出。則用在煞矣。但巳中戊土得祿。戊癸化合。所謂用在此而情在彼也。時逢倒食。巳酉結局。後嗣晚福均欠缺。

魏忠賢

戊辰
乙卯
庚辰
丁亥

丙辰 丁巳 戊午 己未 庚申 辛酉

乙庚合金。逢辰而化。亥卯合木局。則從木必矣。運走南鄉。木火吐秀。交入金地。一敗塗地。丁火吐秀。戊土秀氣流動。人固聰明絕頂。然而有明一代。即喪於此聰明誤用之中。正人無噍類矣。

馬士英

丙申
癸巳
己酉
庚午

甲午　乙未　丙申　丁酉　戊戌　己亥

己土生於巳月。火旺土強。時逢歸祿。身旺洩秀。庚金作用。申爲天乙。用神之根。貴氣不虛。戌運會火傷用。祿命已盡。無可逃死。小人亦枉爲小人耳。

馬文升

丙午
丁酉
戊子
乙卯

戊戌　己亥　庚子　辛丑　壬寅　癸卯

子午卯酉四正全備。丙午丁生助戊土日元。酉子金水相生。反助乙木官星。乙卯爲官星專位。不冲尅而相生。所以福壽駢臻。位至尚書。爲一代名卿也。

羅倫

辛亥
庚寅
丙子
己丑

己丑 戊子 丁亥 丙戌 乙酉 甲申

春陽氣弱。全賴印生。初春木嫩。庚辛蓋頭。印綬必傷。時上已土吐秀。清貴有餘。福壽不足。

祝允明

辛未
辛卯
庚戌
壬午

庚寅 己丑 戊子 丁亥 丙戌 乙酉

庚戌金坐火庫。燥土無生意。全賴比助。洩秀於壬。地支才官合局。身弱用比。天干金水。地支木火。氣勢清絕。宜乎文章傳世。非富貴場中人物也。

倪元潞

癸巳
己丑
丙申
壬辰

戊子 丁亥 丙戌 乙酉 甲申 癸未

丙臨申位。溼土晦火。幸得年干癸水。有己土剋制。巳中戊土化護。丙火之祿不傷。用神在壬。如日落江湖。餘光反照。力量微矣。丙火太陽之精。陽剛之性。守正不阿。大節凜然。申運丙臨絕地。才來黨煞。殉甲申之難。

清代名人命造

洪承疇

癸巳
壬戌
癸酉
壬戌

辛酉 庚申 己未 戊午 丁巳 丙辰 乙卯 甲寅 癸丑

癸酉坐印自旺。月令才庫。氣貫生時。正官秉令。才生官旺格局也。少必困苦。己未之後。氣轉南方。萬歷登庸。少年科第。二十餘年功名富貴。職至總督。位尊權重矣。兵敗降清。年已五十。辰運不死。甘作貳臣。東方木火旺地。復貴至經略。封侯拜相。然食神生財壞印。名節掃地矣。

錢謙益

壬午
庚戌
辛巳
戊子

辛亥　壬子　癸丑　甲寅　乙卯　丙辰

九月土旺當令。戊土透出。午戌會局。似乎用官印。不知戊爲燥土。加以午會巳助。能脆金而不能生金。九月金方退氣。支聚火土。全恃時上子水。潤土養金。兒能生母。用神在水。明矣。金水洩秀。所以聰明絕世。爲文壇領袖也。甲寅乙卯。秀氣流行。宦途順利。丙辰之後。可以止矣。清兵南下。年已六十有三。千古艱難惟一死。甘作二臣。或者其時術者誤以官印爲用。以爲後運方長乎。

馮銓

乙未
己丑
辛亥
丙申

戊子　丁亥　丙戌　乙酉　甲申　癸未

臘月寒金。無丙則凍不解。無壬則金不秀。故丙壬兩透。金馬玉堂。有丙無壬。富眞貴假。此造才官印並透而壬藏支。始則諂附魏奄以取容。繼則投降清朝而事敵。雖位尊多金。功名終始。然而萬人唾罵。千古蒙羞。貴於何有。格成官貴。運宜才官。丙至甲。宦途順利。申癸蓬門息影。老而不死。未運後運轉南方。復起仕清。爲貳臣傳中人物。

費淳

己未
丁丑
戊子
己未

丙子　乙亥　甲戌　癸酉　壬申　辛未

戊己逢丁。年時兩未。子丑化土。格成稼穡。所不足者。辛金入庫。丁火暗傷。未得生化之妙。雖富貴駢集。而嗣息艱難。

張廷玉

清康熙十一年九月初九日辰時

壬子
庚戌
辛巳
壬辰

3	13	23	33	43	53	63	73
辛亥	壬子	癸丑	甲寅	乙卯	丙辰	丁巳	戊午

天干金水。氣勢純粹。子戌拱亥爲天門。辰巳爲地戶。生於霜降後。戊土司令。正印當旺。日元自坐官星。秋金得火煉。戌爲火庫。元機暗藏。得辰遙冲而動。官星得用。而火土金水相生。生意不悖。爲尤可貴也。甲寅乙卯運入財鄉。通水火之情。才生官旺。丙辰之後。運轉南方。官星得地。老當益壯。宜乎富貴壽考。爲有清一代之最也。卒謚文和。配享太廟。

岳鍾琪

清康熙廿五年九月二十三日戌時

丙寅
己亥
甲辰
甲戌

10	庚子
20	辛丑
30	壬寅
40	癸卯
50	甲辰
60	乙巳

甲木生臨亥月。年月寅亥相合。日元旺極。旺者宜洩。食神生財爲用。妙在四柱無金。清純可貴。甲爲月德。丙火通根。日時坐財。己土透露。秀氣流行。戌亥天門。而寅辰夾刃。貴握兵符。其在是歟。寅卯甲乙運。得丙火之化。轉而生財。相生不悖。唯壬癸運偏正印奪食。不免起倒耳。乙巳之後。食神得地。封侯開府。祿重名高。

阮元

芸臺清乾隆廿九年正月二十日子時

甲申
丙寅
壬申
庚子

4	丁卯
14	戊辰
24	己巳
34	庚午
44	辛未
54	壬申

壬水生於雨水後三日。甲木司令。與丙火並透。不失三陽開泰景象。壬水通根。子申拱會。偏印相生。日元旺極。用在食神生財。當可無疑。天干甲丙庚壬四陽。地支兩生兩祿。年月木火。日時金水。各分門戶。日時子申解冲。年支申金冲寅爲病。然衰神冲旺。旺者愈發。寅中戊土。偏官暗藏。所以名重儒林。而威權並重。運走東南。一代名臣。

和坤

庚午
乙酉
庚午
壬午

丙戌　丁亥　戊子　己丑　庚寅　辛卯

官星得祿。三午制刃。五行無土。旺中轉弱。喜得時上壬水吐秀。制火存金。所以聰明權勢。一時無兩。乙庚貪合忘貴。日元之情戀戀於才。而才坐刃地。日坐官鄉。才必生官。因財至禍。運至庚寅金臨絕地。官得生拱而禍作矣。和氏幼年孤苦。（丙戌丁亥運）遭逢際會。位極人臣。三十年功名富貴。（亥至庚北方土金運）眞幸運兒哉。

劉鏞

甲子
丙寅
己丑
甲子

丁卯　戊辰　己巳　庚午　辛未　壬申

甲己子丑。名天地德合。貴氣所鍾。己土卑溼。生於初春。氣寒勢弱。得寅中甲丙並透。官清印正。聚得眞也。金不見而水得化。用神清純。更喜運走東南。品正學優。位高名顯。年時天乙照臨。一生宦海無波。

心一堂術數古籍珍本叢刊　星命類　八〇

鐵保

壬申
壬寅
丙子
乙未

癸卯 甲辰 乙巳 丙午 丁未 戊申

嫩木逢金。煞遏財勢。喜得寅中木神秉令。乙木正印透出。生助日元。眞神得用。申金之冲。謂之有病。運至南方。去病爲貴。仕至封疆。聲名赫奕。

戴衢亨

乙亥
辛巳
丁巳
庚戌

庚辰 己卯 戊寅 丁丑 丙子 乙亥

丁巳日元。生於孟夏。火方秉令。但月時兩透庚辛。支逢生助。亥水冲巳。去火存金。才星過強。旺中轉弱。用神在印。喜神在刼。運走東方。助印扶身。大魁天下。精神純粹。喜用有情。年逢天乙。宦海無波。入子運兩巳受制。不祿。

董誥

庚申
庚辰
戊辰
戊午

辛巳　壬午　癸未　甲申　乙酉　丙戌　丁亥　戊子

戊土生於季春。土方用事。第春時木旺土虛。非夏秋比也。且兩辰蓄水生金。干透兩庚。支會申辰。日主過於洩氣。用神必在午火。喜水木不明見。日主印綬無傷。精神純粹。得中和之氣。一生宦海無波。三十餘年太平宰相。富貴壽考。直至子運會水局。不祿。壽八旬矣。

朱珪

辛亥
庚寅
丙子
乙未

己丑　戊子　丁亥　丙戌　乙酉　甲申

丙子日元。生於初春。火虛木嫩。用神在木。忌神在金。喜得亥水流動金之秀氣。合寅生木。木神正印。透於時干。盤根於未。却得未土制水。去濁留清。和平純粹。所以清操亮節。海內宗仰。宦海無波。爲太平宰相也。

熊學鵬

丁巳
壬子
辛巳
丁酉

辛亥 庚戌 己酉 戊申 丁未 丙午

食神司令。金寒水冷洩氣太重。全賴酉時扶身。巳酉拱助。年干之丁。被壬合去。時上之丁。亦不過取其敵寒解凍。非用丁火也。用神必在酉金。傷官用劫。運至土金之地。仕路顯赫。累官廣西巡撫。平上林獞苗。一交丁未。敗事奪職。凡冬金喜火。取其解寒。非作用神也。(參觀馮銓造)。

謝墉

己亥
甲戌
戊寅
丙辰

癸酉 壬申 辛未 庚午 己巳 戊辰

戊土乘權。劫印並透。寅戌會局以生之。土未嘗不旺。但甲木煞逢進氣。亥生寅祿。又辰爲木之餘氣。洩火養木。四柱無金以制之。偏官太旺。幸得甲己合煞。主不受剋。運走土金。制化各宜。九掌文衡。名高望重。

駱秉章 清乾隆五十八年三月十八日子時

癸丑
丙辰
辛亥
戊子

3 乙卯　13 甲寅　23 癸丑　33 壬子　43 辛亥　53 庚戌

辛金生於辰月。休囚已極。辰爲溼土蓄水。亥子丑支類北方。癸水元神透出。緊剋丙火。則丙火必合辛金而化水。逢龍而生變化。化神雖失令。而氣聚亥子之鄉。得地逢旺。固無異於眞也。金水同氣。土金水相生。戊土雖透。不爲破格。轉有相成之意。妙在運行北方金水之鄉。一路化神旺地。宜乎知人善任。克享大名。德重望隆。勳名千古。卒謚文忠。

胡林翼 清嘉慶十七年六月初六日酉時

壬申
丁未
丁未
己酉

8 戊申　18 己酉　28 庚戌　38 辛亥　48 壬子　58 癸丑

丁火生於小暑後七日。正值司令。身強用官。壬水官星透出年干。通根申支。名曰歲德扶官。時逢己酉。食坐才鄉。兼臨天乙。己土通根月令。坐下酉金。火土金水相生。不但官星無傷。更得生意不悖。其貴固非尋常也。運走西北金水之鄉。財官得地。功名事業。並足千秋。卒謚文忠。

曾文正公國藩嘉慶十六年十月十一日亥

辛未
己亥
丙辰
己亥

6 戊戌
16 丁酉
26 丙申
36 乙未
46 甲午
56 癸巳
66 壬辰

丙火失令。壬水秉權。化神又不眞。似無可取。不知亥未會煞化印。喜神暗伏。秀氣深藏。尤喜者己土爲源。土金水木火循環相生。而時上己土洩秀。眞所謂源遠流長也。所以武功文事。並足千秋。景星慶雲。泰山仰止。蓋煞化印者。以德服人。勳名蓋世。己辛秀氣流動。學問道德。百世馨香。時上己土洩秀。爲雛鳳聲淸之徵。天乙環拱日元。百事逢凶化吉。時爲結局。印貴居之。此所以功名終始。簪纓不替也。更喜運助。丁酉丙爲發軔之始。申運稍次。全局之轉關也。乙未之後。三十年南方運。宜乎爲近代第一流人物矣。運終壬辰。凡八字顯然財官煞印。動人心目者。必非佳造。若初看平淡無奇。而精神暗伏。此中元機。要當仔細推求耳。

彭剛直公

玉麟清嘉慶二十一年十二月十四日丑時

丙子　　2 壬寅
辛丑　　12 癸卯
戊子　　22 甲辰
癸丑　　32 乙巳
　　　　42 丙午
　　　　52 丁未

四柱八字得四合。眞奇人奇格也。以五行正理論。戊癸萬無化理。但地支氣聚子丑坎宮。刼得午未離宮對照。光線直射。子午居天地之中。先天乾坤。後天坎離。亦陰陽之兩極也。以丙辛化水透坎宮之秀。戊癸相合得離宮對照之氣。月時天乙吉星拱之。運轉南方。化神得地。宜乎道德勳名。文章事業。並垂千古。而又不受名利之拘束。可謂千無古人。後無來者。卽以五行格局論。亦爲從古所無。別開生面之格局也。

按地支經度起於南北極。午未合處南極也。子丑合處北極也。以天干之緯道言。則辰巳爲黃道之中。星辰之運。始起於辰。終伏於戌。子平之法。以辰巳戌亥爲天門地戶。良由於此。子丑午未爲經度之南北極。其重要固不下於天門地戶也。從來命理書中。以子丑午未爲天根月窟。端門闕門。又如暗冲暗合格局。（如鼠貴遙巳等）僅知其異與他支。而不知其所以然。亦有詞而闢之者。實兩失之。皆由於不究原理之過也。

曾國荃　清道光四年八月二十日午時

甲申
甲戌
庚辰
壬午

9	19	29	39	49	59
乙亥	丙子	丁丑	戊寅	己卯	庚辰

庚金得祿於年支申宮。生於寒露後五日。辛金陽刃司令。辰支溼土養金。日元旺矣。喜得時支逢午。暗會戌中丁火。官星得用。壬水蓋於午火之上。不免制官之病。然九月土厚而燥。未嘗不喜壬水之潤也。甲木疏土。引生丁火。辛刃藏庫。元機暗存。尤妙者月日時同居甲戌旬。爲一旬三位。甲戌前引。壬午後從。引遠從近。正合前引後從格。台閣勳名。公候將相。固不同凡俗也。運逢戊己去病。寅卯疏土引火。事業勳名。難兄難弟。

左文襄公

宗棠
嘉慶十七年十月初七日寅時

壬申
辛亥
丙午
庚寅

9 壬子
19 癸丑
29 甲寅
39 乙卯
49 丙辰
59 丁巳

丙午坐刃。寅亥合印。午寅拱局日元自旺。壬水通根。天干庚辛發其源地支得長生祿旺。壬煞亦強。身強殺旺。經云殺刃雙顯均停。貴爲王侯是也。尤喜者月垣天乙逢印。以印爲用。才官俱得祿。而壬水洩庚辛之銳。才之情注於殺。不傷印局。福澤自厚。宜乎諸葛大名垂宇宙矣。行運以甲寅乙卯二十年。印星得地爲最佳。破洪楊。平捻匪。建功立業、之時也。丙丁運身旺敵殺。名高權重。定西藏。平回疆。出將入相時也。其中辰運溼土晦火稍次。巳火冲亥。破印局。將星墜地矣。

嵇曾筠

辛卯 乙未 甲子 庚午

甲午 癸巳 壬辰 辛卯 庚寅 己丑

甲子坐印。生於未月。夏木逢水。傷官佩印。喜得卯木制住未土。則子水不受其傷。足以沖午。爲有病得藥。去濁留淸。天干甲乙庚辛。各立門戶。不作混論。而足以滋印。更喜運走東北之地。體用合宜。一生官海不波。功名終始。

瞿鴻璣

道光三十年六月十五日丑時

庚戌 癸未 乙亥 丁丑

5 甲申　15 乙酉　25 丙戌　35 丁亥　45 戊子　55 己丑

乙生未月。土燥木枯。妙在癸水透出。亥丑夾子祿。亥未拱卯祿。生旺有情。源起於未。金水木火以次遞生。源遠流長。福澤悠久。以官爲用。才印爲輔。宜乎貴矣。時上丁火洩秀。所以名高翰苑。太平宰相。

張之洞 道光十七年八月初三日

丁酉
戊申
戊申
戊午

8 丁未
18 丙午
28 乙巳
38 甲辰
48 癸卯
58 壬寅

戊土三朋。食傷洩秀。土爲中正之氣。生於寅亦生於申。與金水木火專旺一方者不同。健而洩秀。所以著作等身。文章千古。用神在印。得祿於時。首尾一貫。更喜無水。印綬不傷。爲食神佩印格。運走東南。正印得地。所以敭歷中外。爲一代名臣也。

周玉山 道光十七年十一月二十三日寅時

丁酉
壬子
丁酉
壬寅

4 辛亥
14 庚戌
24 己酉
34 戊申
44 丁未
54 丙午
64 乙巳
74 甲辰

丁火生於仲冬。官煞當旺。年日兩酉。丁火虛脫。喜得時逢壬寅。通才官之氣。正印得祿。木火通根。甲木眞恩星哉。酉爲天乙。丁壬相合有情。才官雖旺。固不剋身也。特身不旺。則才官之用不能發揮。四四之前。兌氣太旺。甲印受傷。雖戊巳制煞化煞。爲權。然不免波浪起伏。丁未之後。氣轉南方。威權並重。福澤悠長。三十五年爲全盛時也。

李鴻章　道光三年正月初五日卯時

癸未
甲寅
乙亥
己卯

3	13	23	33	43	53	63	73
癸丑	壬子	辛亥	庚戌	己酉	戊申	丁未	丙午

乙生寅月。支全亥卯未。四柱無金。甲木透出。格全仁壽。用取從強。得一方之專氣。福澤自然綿長。幼年北方運。印綬滋身。少年科第。中年行西方金運。本爲曲直格之忌。妙在有癸水透出。藉印引解。化煞爲權。功成名顯。花甲之後。南方洩秀。出將入相。位高望重。功名勳業。亞於文正。卒於辛丑。壽七十九。

岑春萱　清咸豐十年閏三月廿三日巳時

庚申
辛巳
丁巳
乙巳

8	18	28	38	48	58
壬午	癸未	甲申	乙酉	丙戌	丁亥

年月類金。日時聚火。各立門戶。金非火不成器。火無金用不顯。火金兩停。格成鑄印。孤才不貴。妙在時透乙木。中隔丁火。制住庚辛。才不礙印。以印爲輔也。年逢才祿。出身閥閱。幼運即佳。甲申乙酉二十年。爲一生鼎盛之時。丙合辛而化。亦是佳運。運程至此而止。戌運之後。難以發展。此所以光復後不免爲落伍人物也。

盛宣懷

清道光二十一年九月廿四日寅時

甲辰　甲戌　戊子　甲寅

乙亥　丙子　丁丑　戊寅　己卯　庚辰　辛巳　壬午

戊子坐才。生於戌月。得時秉令。身強敵煞。煞印相生。妙在寅戌拱印。子辰拱才。生化不悖。以才為源。引歸財庫。戌土緊制。潤身而不黨煞。甲木載以寅戌。木火通情。生印而不剋身。所以管領財權。富堪敵國也。壽終壬運。

陳夔龍

筱石　咸豐七年五月初三日辰時

丁巳　乙巳　癸丑　甲辰

7 甲辰　17 癸卯　27 壬寅　37 辛丑　47 庚子　57 己亥

癸生四月。水方休囚。甲乙透出。更嫌洩氣。幸得辰丑皆溼土。足以蓄水養木而已。丑拱金。身弱有印。元機暗藏。巳中才官印全備。格成三奇。日時菁英吐秀。運值癸卯。水木之地。少年科第。辛丑庚子。金水相生。開府北洋。己運煞旺剋身。韜光養晦。鼎革之後。亥運無意出山。以後無再起之機緣。終於遺老矣。

馮煦 道光二十三年十二月初一日巳時

癸卯
乙丑
己亥
己巳

5	甲子
15	癸亥
25	壬戌
35	辛酉
45	庚申
55	己未

己亥日元。生於大寒前一日。正值土王用事。月干乙木透殺。通根亥卯。松柏常青。獨傲霜雪。但天寒地凍。其用必在巳中丙火。土融水煖。木乃可以發榮。此必然之勢也。可惜巳亥貼身相冲。亥中壬水。必剋丙火。幸得巳土蓋頭。刼才衞印。然氣勢弱矣。亥丑拱子。身殺同得天乙。丑卯拱寅。印星得無形之生助。連珠夾拱。貴氣非凡。可惜命佳而運不助。逆行西北運。財官皆背。雖聲譽遠楊文章道德。衆所欽佩。而事功不著。命好不如運好。信哉斯言。用之印綬不可損。巳亥一冲。印星受損。不無關係也。

樊樊山 道光二十六年十一月初一日子時

丙午
庚子
壬午
庚子

6辛丑 16壬寅 26癸卯 36甲辰 46乙巳 56丙午

仲冬癸水乘旺。天寒地凍。需要陽光和煦之氣。得丙火之才。通根於午。格局清純極矣。惜天干丙剋庚。而壬又傷丙地支子午互沖。天地之氣。不得甯靜。水旺火衰。刼刃肆逞。財星被奪。不能青雲直上。大展宏猷。有以也。用神在才。最喜者爲木運。洩刃之氣而生丙火。滴天髓所謂通關是也。壬日坐午。爲才官來就我。晚年運走財地。衣食豐足。無虞不給。且子午坎離之正氣也。得天地之正氣以生。宜乎名山事業。自足千秋。

古今名人命鑑卷三

東海樂吾氏

袁世凱

清咸豐九年八月二十八日未時

己未
癸酉
丁巳
丁未

3	13	23	33	43	53
壬申	辛未	庚午	己巳	戊辰	丁卯

丁生八月。偏才秉令。巳從酉化。丁火虛脫。似乎身弱。不知未爲火之餘氣。年時一貫。爲日元之根。巳未夾祿。丁火有氣。酉爲才而臨天乙。巳爲官貴。未酉夾申。爲食神之貴。申爲坤位。尤爲貴氣所鍾也。酉金眞神得用。己土爲喜神。秀氣在癸。皆得天乙臨照。運走南方土金之地。生助喜用。體用合宜。未運壬午年。平朝鮮叛黨。爲發軔之始。年方廿四也。辰運溼土晦火。韜光養晦。辛亥年冲剋太歲。似有生命之危。不知亥未合化解冲。更得天乙臨照。所以應付危難之機。卒達成功之域。遂爲民國第一任大總統矣。接行丁運。丁己同宮於酉。生助有情。光芒萬丈。惜流年梟印奪食。所以爲羣小所包圍。聰明反誤。晚節不終。丙辰年比刼爭財。溼土晦火。八十三日皇帝夢。從此醒矣。

黎元洪 清同治三年九月初九辰時

甲子
甲戌
丁未
甲辰

10 乙亥
20 丙子
30 丁丑
40 戊寅
50 己卯
60 庚辰

天干三印生身。地支三土洩氣。戌土秉令。用印明矣。子戌供亥。日元得貴。丁火坐未。甲印得貴。偏官居年支。而隔戌土。不傷丁火。而生甲木。清純可貴。滴天髓云。木奔南而軟怯。其性仁慈。以威權福澤論。爲一方重鎭則有餘。爲全國領袖則不足。此所以起倒無常也。寅運辛亥。年寅亥祿貴相合。時勢造英雄。一躍而爲都督。壬子癸丑。煞旺生印。進至副座。運歲均佳也。甲寅乙卯交入己運。歲吉而運嫌洩氣。碌碌無聞。丙辰丁巳助起日元。一入白宮。壬戌年在卯運。卯戌合火。再入白宮。曇花一現。轉瞬成空。威福不足也。庚運財來破印。優游津活。無能爲矣。辰運溼土晦火。冲動提綱。不祿。壽六十八。或云丙午時。未知孰是。

馮國璋

清咸豐八年十一月二十四日辰

戊午
乙丑
乙丑
庚辰

3 丙寅
13 丁卯
23 戊辰
33 己巳
43 庚午
53 辛未

乙木虛弱無氣。四柱雖有比印而無生扶之意。地支財旺。戊土元神透露。此所謂假從是也。滴天髓云。眞從之象有幾人。假從亦可發其身。喜得才官皆得天乙照臨。更喜年支午火生財而不傷官貴。冬土得暖。萬象回春。從雖假亦無異於眞。然以福澤論。任封疆則有餘。當全國領袖之任則不足也。

行運最忌乙木見根。戊運之後。逐步進展。己巳庚午氣轉南方。運逢土金。威權赫赫。威辛運以副總統而領江蘇軍事。位高權重。未運木庫。乙木逢根。然在丁巳戊午流年。火土乘旺。遂儡白宮。眞幸運兒哉。己未兩未冲丑。不祿。年六十二。

徐世昌

清咸豐五年九月十三日辰時

乙卯
丙戌
癸酉
丙辰

5	15	25	35	45	55	65	75
乙	甲	癸	壬	辛	庚	己	戊
酉	申	未	午	巳	辰	卯	寅

癸水生於寒露後十四日。戊土秉令。坐下酉金。九秋餘氣。秋水通源。辰酉卯戌兩合解冲。木火金水。各立門戶。不相剋戰。乙木爲源。火土金水以次遞生。四柱不旺不弱。得中和之氣。以當時北洋人物論。福澤爲最厚矣。故其爲總統時代。內戰稍寧。所惜者時上缺食傷透露。源遠而流不長。後嗣恐艱。

爲缺點耳。月令官化爲才。才旺自生官。以印化官。用神在印。以官衞印。喜神在官。行運五行俱有救應。此源遠流長格象之特點也。末運氣轉南方。科甲連登。午運因丁艱而參戎幕。開後來北洋之局。辛巳庚十五年。印綬正運。才官並旺。由卿貳進至協揆。辰己運溼土生金。位高望重。衆望所歸。遂爲總統。戊午就任。壬戌卸職。在位五年。國內少安。晚境優游。壽當至耄耋。

段祺瑞 清同治四年二月初九日午

乙丑
己卯
乙亥
壬午

1	11	21	31	41	51	61	71
戊寅	丁丑	丙子	乙亥	甲戌	癸酉	壬申	辛未

孤才不貴。佩印幫身。乃能取貴。但以才印不相礙爲合格。（見子平眞詮）此造月令建祿。亥卯結局身旺。任才。妙在己壬兩透。中乙隔之。己祿於午。壬祿在亥。才印皆得祿爲貴。但爲元首。則福澤猶嫌不足。此所以杌楻不安也。戌運之後。氣轉西方。癸酉十年。尤爲一生之結晶。印運固佳。而金運貫通才印之氣。爲尤美也。壬申辛十五年。仍在順運之中。所以雖無實權。猶不失爲國老之尊。景星慶雲。衆所仰望。較之其他北洋領袖爲不牟矣。五福駢集。壽近八旬。

曹錕

壬戌
壬子
庚子
丙子

9	19	29	39	49	59	69	79
癸丑	甲寅	乙卯	丙辰	丁巳	戊午	己未	庚申

此飛天祿馬格也。仲冬水旺秉令。三子氣聚力專。足以冲動對宮午中丁火爲用。得戌暗會合住官星。爲大貴之徵。丙火無根。戌庫遠隔。不能作用。故不爲破格。如子戌易位。年壬子而時丙戌。卽破格矣。若以正五行論。戌爲燥土。固足砥柱中流。而庚金無根。壬水洩氣。水太旺而土浮。不能生庚金。庚金氣洩而弱。亦不能任用才官也。凡暗冲之格。最忌塡實羈絆。初行癸丑。子丑羈絆。出身寒苦。三九之後。運轉南方。財官得氣。丁巳十年。爲極盛之時。戌運子水被制。暗冲無力。身爲元首而受羈束。有以也。午運塡實。固宜韜光養晦。優游晚境。是亦足矣。壽元九九。（參觀卷二彭玉麟造）

吳佩孚 清同治十三年甲戌三月初六日

甲戌
戊辰
戊申
壬子

5	15	25	35	45	55
己巳	庚午	辛未	壬申	癸酉	甲戌

戊生三月。土旺當令。比刧重重。日元旺盛。申子辰三合水局。才旺生煞。木得餘氣。才煞並透。所謂身煞兩停。假煞爲權是也。運行食傷制煞之鄉。威加萬里。惜四柱無印。煞不得化。以力服人。不如以德服人。更嫌柱中申金化水。制煞無力。全恃運途制煞。心高力薄。蓋福澤才力兩嫌不足也。壬申之後。氣轉西方。偏官有制。岳州之戰。在戊午年。身旺敵煞也。直皖之戰。在庚申年。援湘汀泗橋之戰。在辛酉年。直奉之戰在壬戌年。運歲均值金鄉。制煞有力也。二次直奉之戰。在甲子年。財生煞旺。戰卽無功。丙寅年偏官祿旺。雖在酉運。而金無根氣。勢不敵。一挫於楊村。再敗於汀泗橋。一蹶不振。然而幸在丙寅。若在丁卯年。恐有身命之危。甲運之後。無能爲矣。此後宜韜光養晦。決無再起之機。或謂係初七日卯時。當作己酉丁卯。未知孰是。

張作霖

清光緒元年二月十二日丑時

乙亥
己卯
庚辰
丁丑

4	14	24	34	44	54
戊	丁	丙	乙	甲	癸
寅	丑	子	亥	戌	酉

按此造前據友人抄示乙亥二月十一日亥時。爲乙亥、己卯、己卯、乙亥。曾照從煞格看法。刊登小日報。嗣據風雨鷄鳴館主人指示糾正。爲十二日丑時。眞知灼見。其正確自勝於傳述。謹遵更正如右。

四柱一旬。干透三奇。固爲貴氣所鍾。但照五行正理論。春金生於二月。休囚已極。月干己土印綬。爲貼身乙木所破。辰丑雖爲溼土。可以生金。而亥卯辰氣聚東方。印從才化。丑中辛金微弱。丁火官星無根。雖不能爲用。而蓋於丑支之上。剋制辛金則有餘。庚金虛脫。氣勢仍當從才。但不眞切耳。假從之格亦多貴。異姓孫兒能出類。運行食傷財旺之地。所謂假行眞運是也。子乙亥甲二十年。固當盛極一時。命運本佳。而時勢造英雄。儼然關外之王。戌運戊辰年。冲辰、刑丑、合卯。歲運冲激。全局化爲火土。卒遭皇姑屯之變。

張勳　清咸豐四年十月二十五日辰時

甲寅
丙子
庚申
庚辰

8 丁丑
18 戊寅
28 己卯
38 庚辰
48 辛巳
58 壬子

庚金生於仲冬。金寒水凍。得丙火照暖。則金秀水溫。但因丙火塡實。不能以井欄叉論格。祗能以傷官駕煞取用。傷得才化。煞有傷制。寒金得暖。宜乎極貴。然張爲武人。八字何其文秀也。庚金雖坐祿。而洩氣太重。剋洩交加。四柱缺印。威權有餘。福澤不足。庚辰辛巳二十年爲全盛時代。壬運水火交戰。遂有復辟之禍。一敗塗地。

江朝宗　清咸豐十一年八月廿二日酉

辛酉
丁酉
戊寅
辛酉

4 丙申
14 乙未
24 甲子
34 癸巳
44 壬辰
54 辛卯

戊土生於八月。旺金洩氣。喜傷官傷盡。月透丁火。爲傷官佩印格。四柱清純。貴顯固宜。

一〇

閻錫山

光緒九年九月初八日亥時

癸	未	10 庚申
辛	酉	20 己未
乙	酉	30 戊午
丁	亥	40 丁巳
		50 丙辰
		60 乙卯

八月乙木氣肅木凋。上下半月不同。白露後喜印。秋分後喜向陽。經云乙木生居酉。莫逢巳酉丑。富貴坎離宮。貧窮申酉守。又云乙木秋生貴元武。最喜癸水透出滋木洩金。如子得母。一世豐盈。若無水火制化。必主一生勞碌。此造生於寒露節前一日。年時癸丁透出。所謂坎離宮是也。歲運非水火相濟則不得力。未運辛亥壬子年。一躍而爲都督。迄後十餘年。國內戰事迭興。而能嚴守中立。玉帛敦好。巍然獨存。亦無建樹。丁運丙寅年。火旺無水濟之。向南向北。意志不定。成敗參半。巳運冲破亥印。加以庚午年丁火祿旺。戰敗解職。此後丙子丁丑年。可望再起。觀往知來。可以悟矣。

徐樹錚

清光緒六年十月初九日申

庚辰
丁亥
甲辰
壬申

2	12	22	32	42	52
戊子	己丑	庚寅	辛卯	壬辰	癸巳

甲木生於十月。木老印旺。以庚丁爲要。庚丁並透。不特菁華吐秀。絕世聰用。而駕煞爲權。雄才尤出衆也。壬水爲忌神。益以辰土虛溼。申辰亥氣勢從水。忌神深重。幸得生於立冬後五日。戊土司令。得以去濁留清。惜戊己不明見。名利不免虛浮耳。運喜西南。比較僅辛卯十年。流年火土。運籌帷幄。爲最得意之時。一入壬運。丁火受傷。慘遭仇殺。惜哉。

畢庶澄

清光緒二十年六月十三日寅

甲午
辛未
戊午
甲寅

8	18	28	38
壬申	癸酉	甲戌	乙亥

日坐陽刃。時逢七煞。煞刃雙顯。位至王侯。合煞有制。非常之命。喜月透辛金。運逢兌酉。少年握兵符。意氣足以自豪。但煞旺復行煞地。建業立功處。必死於刀劍之下。刃多復行刃地。進祿得財處。必終於藥石之間。甲運不死。戌運亦必死。特善終非死於非命耳。

張宗昌 清光緒八年正月十五日寅

壬午
壬寅
壬寅
壬寅

1	11	21	31	41	51
癸卯	甲辰	乙巳	丙午	丁未	戊申

天干四壬無根。年月寅午合局。似乎水火相持。妙在生於驚蟄前一日。甲木正旺。得木神溝通坎離之氣。則上下之氣交。成既濟之局。所謂坎離宰天地之中氣。成不獨成而有相成者在是也。壬水爲源。火爲結穴。逢官煞則源破而穴洩氣。以格局論。爲六壬趨艮格。年月合寅午火局。財旺得地而不清。只作富命。亦以不見官煞爲合格。或謂係己酉時。殆以四柱不見貴氣。故有此疑。不知亂世時代。都督滿街。官本不貴而致富莫如官。巳丙午丁二十年。以一草莽英雄。一躍而專閫開府。揮霍之豪。何殊敵國之富。則以富作貴。固時代使然也。金欽十二。亦爲財旺之徵。未運官旺。權位並失。戊運偏官剋身。洩財之氣。卒遭仇殺。以命而論。不學無術。負此佳造矣。

按己酉時官清印正。貴顯固矣。但用神必在官印。中年財運。決難得志。未戊官旺。正當發展。適相反耳。

唐繼堯

清光緒六年三月十三日亥

庚	辰
庚	辰
庚	辰
丁	亥

4	14	24	34	44	54
辛	壬	癸	甲	乙	丙
巳	午	未	申	酉	戌

時上官星透清。四柱清純。庚辰魁罡。自足任官。但辰為溼土。足以晦火之光。非有木疏土引火。官星之力不顯。平生佳運。僅未甲十年。未拱亥木。[辛亥?]革命。一躍而為都督。甲運木旺。丙辰討袁。領袖南疆。申運之後。無能為矣。

蔡成勳

清同治十一年十月初四日酉時

壬	申
庚	戌
乙	卯
乙	酉

1	11	21	31	41	51
辛	壬	癸	甲	乙	丙
亥	子	丑	寅	卯	辰

乙卯專祿。申酉戌氣全西方。庚金透露。官旺化煞。卯酉一沖。日祿受傷。幸得年干透壬。庚金洩氣。而申為天乙。貴氣所聚也。尤喜運行水木之鄉。印刼並旺。但開府專閫。似嫌不足耳。

李純

清光緒元年八月十五日午

乙亥
乙酉
己卯
庚午

2	12	22	32	42	52
甲申	癸未	壬午	辛巳	庚辰	己卯

己土生於八月。食神秉令。己祿在午。乙祿於卯。身煞兩停。卯逢酉冲制煞有力。假煞爲權。宜乎貴矣。末運之後。氣轉南方。宦途順利。掌握兵符。壬辛爲南方之金水。不足爲患也。庚運乙庚化合有情。合煞爲貴。領袖東南。爲江蘇都督。太歲逢庚申。歲運併臨。傷官太旺。所謂盡法無民是也。自戕殞命。雖云疑案。亦命運有以致之。

一四

朱瑞

清光緒九年十二月十六日子時

癸未
乙丑
壬戌
庚子

2	12	22	32
甲子	癸亥	壬戌	辛酉

壬戌坐煞。時逢陽刃。子戌拱亥。名煞刃夾祿。臘月天寒地凍。惜無丙火照煖。福澤不足。水歸冬旺。喜行煞地。而煞旺之運。僅戌字五年。火土逢旺。貴爲都督。曇花一現。一入辛運。丙辰年丙辛化水。刃旺行刃地。終於藥石矣。年三十四。

齊燮元

清光緒十一年三月十四日酉時

乙酉
庚辰
甲寅
癸酉

5 己卯
15 戊寅
25 丁丑
35 丙子
45 乙亥
55 甲戌

甲寅日元。坐祿自旺。天干乙庚化金。月令才從官化。春金雖休囚而黨多。幸三月甲木。餘氣猶旺。足以用官。時支酉金。癸水蓋頭。官之情生印以滋木。不能剋身也。然究嫌官星太旺。取寅中丙火損官為用。丁丙運中。元神透露。宜乎乘時而起。然專閫開府。殊嫌不足。此其所以為叔季之世歟。

孫傳芳

清光緒十一年三月初三日酉時

乙酉
庚辰
壬寅
己酉

4 己卯
14 戊寅
24 丁丑
34 丙子
44 乙亥
54 甲戌

乙庚化傷。辰酉合煞。同化為印。己酉官清印正。惜壬坐寅。日元太弱。不足以任官。且壬弱而印旺。母慈滅子。必須順母之性。歲運同行金水之地。庶母慈而子安。丙子十年。丙辛化水。流年金水。歲逢甲子。貴居聯帥。丙寅丁卯水火相激。一敗不復振。以後木運連環。身弱洩氣。無能為矣。要之位尊權重而福不足以濟之。所以起倒無常也。

盧永祥　清同治六年九月廿五日丑

丁卯
庚戌
乙亥
丁丑

6	16	26	36	46	56
己酉	戊申	丁未	丙午	乙巳	甲辰

乙木坐印。亥卯結局。弱中之旺。九秋庚金餘氣猶旺。官星可用。亥丑拱貴。官貴居時。天乙加臨。開府專閫。亦固其所。戌爲火庫。兩丁並透。庚金不免受傷。木火之鄉。未見其利。平生佳運。僅乙巳十年。而巳運流年逢金尤佳。癸亥年交入甲運。木生火旺。逢致江浙之戰。兩敗俱傷。一蹶不復振矣。

周蔭人　清光緒十三年五月廿九日亥

丁亥
丁未
乙酉
丁亥

4	14	24	34	44	54
丙午	乙巳	甲辰	癸卯	壬寅	辛丑

乙生未月。土燥木枯。年月亥未結局。時支逢亥。藉壬水潤澤。弱中轉旺。干透三丁。氣勢過於燥烈。取金水相生爲用。喜得未酉夾申。拱天乙。此貴氣所鍾也。運行東南。未見其利。僅辰運溼土。晦火生金。合酉化印。一躍而全省軍事領袖。此外亦平平耳。

趙恆惕　清光緒六年十一月廿四日申時

庚辰
戊子
戊子
庚申

4	己丑
14	庚寅
24	辛卯
34	壬辰
44	癸巳
54	甲午

戊土無根。申子辰氣全北方水局。干透兩庚生水。格取從才。格象雖清。運僅壬辰十年。壬運最佳。辰運次之。癸運之後。氣轉南方。無可取矣。

張敬堯　清光緒七年七月廿五日辰時

辛巳
丙申
乙酉
庚辰

4	乙未
14	甲午
24	癸巳
34	壬辰
44	辛卯
54	庚寅

從革格。生於七月。金旺乘權。地支辰酉相合。巳酉相會。化神眞切。丙從辛化。不特不損金神。而旺者宜洩。更當取以爲用。月垣得天乙照臨。貴氣所鍾。純粹極矣。惜運走東南木火之鄉。癸巳壬辰辛廿五年。不過短中取長。外有餘而內不足。雖貴居方面。意志不得發舒。若運程西北。其成就豈止此哉。卯運免強得渡。寅運恐難免意外。

王占元　清咸豐十一年正月十一日卯時

辛酉　庚寅　庚子　己卯

6	16	26	36	46	56
己丑	戊子	丁亥	丙戌	乙酉	甲申

庚日坐子。傷官洩氣。喜年逢陽刃。月垣七煞。煞刃相濟。權尊位顯。但春金虛弱。不堪火煉。丙火氣寒。子水緊剋。亦薄弱無力。印坐才鄉。不能制水化煞。雖握兵符。未能遠圖。

王承斌　清光緒三年七月初九日午時

丁丑　戊申　壬戌　丙午

3	13	23	33	43	53
丁未	丙午	乙巳	甲辰	癸卯	壬寅

壬水生於七月。秋水通源。四柱土多。月干透戊。名假煞爲權。丙丁佐之。功名必然顯達。（見寶鑑）且年月日火土金水相生。福澤亦厚。惟午戌合局。財嫌太旺。破印爲嫌耳。運行水木之鄉。勞苦功高。位尊權重。

商震　清光緒十四年八月十六日子時

戊子
辛酉
乙未
丙子

6	16	26	36	46	56
壬戌	癸亥	甲子	乙丑	丙寅	丁卯

乙木生於秋分前一日。性喜向陽。辛酉七煞乘權秉令。非制不可。時上丙火透出。得力極矣。丙坐子鄉。制煞力薄。喜得子爲鼠貴。年支之子。戊土蓋頭。時支之子。未土貼身。制伏得宜。運行丙寅丁卯之鄉。制神得力。假煞爲權。名震北疆。位高權重。

孫寶琦　清同治六年三月廿二日申時

丁卯
甲辰
丙子
丙申

7	17	27	37	47	57
癸卯	壬寅	辛丑	庚子	己亥	戊戌

丙子日元。官星不透。而坐下申子辰合局。名爲三合遇貴。又名暗官格。喜甲木得春季餘氣。年上刼印扶身。爲敗中得救。運喜官印。惜晚年運行西北。己亥十年中。甲木得生。流年木火。爲美境耳。

梁士詒

清同治八年二月廿七日午時

己巳
戊辰
丙申
甲午

1	11	21	31	41	51
丁卯	丙寅	乙丑	甲子	癸亥	壬戌

丙日坐申。年日巳申。刑合結局。財逢祿旺。更喜辰月戊土元神透出。普通以食神生財取用。然寶鑑云。丙生辰月。壬不能離。以甲爲佐。壬甲兩透。功名顯達。有甲無壬。勞碌濁富。此造甲透壬藏。運行水木之地。握財權。負重望。戌運之後。韜光匿彩。是用在官印。不在才食明矣。惟財通門戶所以富耳。

袁克文

清光緒十六年七月十六日戌

二〇

庚寅
甲申
甲申
甲戌

3	13	23	33	43	53
乙酉	丙戌	丁亥	戊子	己丑	庚寅

兩神成象。金木相成。一旬三位。貴氣也。庚煞得月令旺氣。年時寅戌暗會火以制之。寅申相沖。制神力薄。運僅丙戌丁十五年耳。亥運之後。一敗塗地。

王克敏 清光緒二年四月十一日巳時

丙子
壬辰
壬申
乙巳

1 癸巳　11 甲午　21 乙未　31 丙申　41 丁酉　51 戊戌

壬水生於立夏前一日。申子辰三合水局。春水汪洋。喜得時上乙木吐秀。更喜年透丙火得氣於時。秀氣得以流行。爲傷官生財格。運逢木火。宜乎掌握財權。

張弧 清光緒元年八月十一日酉時

乙亥
乙酉
乙亥
乙酉

1 甲申　11 癸未　21 壬午　31 辛巳　41 庚辰　51 己卯

天干一氣。地支亥酉。煞印相生。顯而易見。妙在酉亥夾戌。氣聚乾宮。爲天地間之眞財。貴氣所鍾。所以總握財權也。且才官印相生有情。五行俱有救應。唯比刼運稍次耳。

葉恭綽 清光緒七年十月初三日辰時

辛巳
己亥
壬戌
甲辰

6	16	26	36	46	56
戊戌	丁酉	丙申	乙未	甲午	癸巳

月令建祿生於小雪後兩日。壬水司令。喜得甲木元神透出合己生印。身坐財庫。財藏不傷印綬。所謂吉神深藏是也。乙未甲午二十年。財旺得地。木火相生。宜其得意矣。

潘復 清光緒九年六月廿二日寅時

癸未
癸未
庚午
戊寅

6	16	26	36	46	56
壬午	辛巳	庚辰	己卯	戊寅	丁丑

庚金生於大暑後一日。火炎土燥。加以寅午合局。未土非但不能生金。且足以鎔金也。月干癸水。從戊而化。年干之癸。滴水熬乾。氣從火土。所謂從旺是也。壬運觸犯旺神。幼必多病。幸是南方午火之地。否則難以生長也。己卯戊十五年。最爲得意。蓋癸爲病神。戊己去病爲貴。卯未合木。才生官旺也。

朱桂辛

清同治十一年十月十二日辰

壬申	壬子
辛亥	癸丑
癸亥	甲寅
丙辰	乙卯
	丙辰
	丁巳

癸亥日元。生於立冬後五日。正值甲木司令。丙火得用。依理而論。應得異路恩榮。辰爲溼土。能蓄水不能止水。水旺無制。喜甲木洩其菁英。丙火流動其秀氣。甲寅乙卯丙廿五年。當爲最得意之時代也。

楊宇霆

清光緒十一年七月二十日戌時

乙酉	7 癸未
甲申	17 壬午
丙辰	27 辛巳
戊戌	37 庚辰
	47 己卯
	57 戊寅

丙火太陽之精。欺霜侮雪。百無所畏。獨懼戊土晦光。生於處暑後七日。戊土司令。陽氣衰矣。日近西山。暮夜光暉。喜甲乙印綬化煞制土而滋身。土不埋金。金顯其用。配制合宜。身旺任財。辛巳庚十五年。財旺得地。運籌帷幄。領袖羣英。一入辰運。溼土晦火。戊辰年土重埋金。死於非命。

靳雲鵬　清光緒二年九月初七日午

丙子
戊戌
甲子
庚午

5 己亥　15 庚子　25 辛丑　35 壬寅　45 癸卯　55 甲辰

世俗以甲戊庚爲三奇。其實三奇爲財官印。天乙起例。甲戊庚同以丑未爲貴。支無丑未。不能以此爲用也。甲子坐印。月垣才旺。子戌夾亥。暗拱印綬長生。此爲貴氣所聚。庚金剋身。才旺破印。壬寅癸卯二十年。扶起印綬滋助日元。花團錦簇。而尤以寅運爲佳。蓋寅暗合亥木。印綬得祿。日元亦得長生。得此生力軍之助。才官皆爲我用矣。

張一麐　清同治五年十月廿二日午時

丁卯
辛亥
丁未
丙午

7 庚戌　17 己酉　27 戊申　37 丁未　47 丙午　57 乙巳　67 甲辰

丁生十月。本可用官。亥卯未三合氣全。時歸祿旺。木火通明。勢當從旺。辛從丙化。從火不化水也。三十八之前。西方金鄉。英雄無用武地。丁未之後。氣轉南方。機緣輻湊。富貴逼人。直至甲運三十五年。一帆風順。丙運丙辰年。遽爾歸隱。懷道迷邦。田園養望。殆爲環境所迫歟。以運而論。非退隱時也。

龔心湛　清同治八年四月廿二日申時

己	己	甲	壬
巳	巳	子	申

9	19	29	39	49	59
戊辰	丁卯	丙寅	乙丑	甲子	癸亥

甲生四月。火旺洩氣。雖喜壬水滋生。而甲木根輕。水多木浮。全特己土培植其根。所謂君賴臣生是也。水土配得中和。爲人性好清高富貴起於蔭襲。（見寶鑑）運程木火均利。而丑甲兩運尤佳。蓋子丑與甲己均合土。而丑又爲天乙合貴也。壽至癸亥。

高凌霨　清同治九年八月十七日戌時

庚	乙	辛	戊
午	酉	亥	戌

9	19	29	39	49	59
甲申	癸未	壬午	辛巳	庚辰	己卯

辛金生酉月。乘權秉旺。干頭乙庚化合。戊土相生。支全酉戌亥。氣聚乾兌。勢當從旺。所謂權在一人是也。所嫌者年支之午。遙立有情。雖中隔亥酉。不能相合。然終不免阻礙。且無去病之神。幸午爲天乙。略得解化耳。但照此看法。壬午運無吉理。辛巳庚十五年最利。而庚運流年逢金水尤佳。蓋金氣純粹也。此造若行西北運去病。其成就當不至此。

陳錦濤

清同治十年五月初三日午時

辛未
甲午
壬辰
丙午

5 癸巳
15 壬辰
25 辛卯
35 庚寅
45 己丑
55 戊子

壬生午月。支全午未。氣聚離宮。丙火透出。甲木相生。壬水無根。格成從財。年干辛金無根。而足以弱丙火之氣。更嫌辰爲溼土。蓄水養金。從不眞切。幸辰午拱貴。才星得祿。成中有敗。敗中得救。中年運走東方。而庚辛蓋頭。歲運駁雜。不免起倒無常也。

孫洪伊

清同治十一年十月十七日寅時

壬申
辛亥
戊辰
甲寅

壬子
癸丑
甲寅
乙卯
丙辰
丁巳

戊土生於亥月。甲木得用。時上獨煞透淸。寅亥結局。甲木有根。傷官駕煞。假煞爲權。允宜貴顯。惜四柱缺火。蓋十月戊土。非木不靈。非火不暖也。且年臨驛馬。月坐空亡。奔走四方。勞而無功。雖聲名遠揚。不免有名無實耳。

谷鍾秀

清同治十三年八月廿四日戌時

甲戌
癸酉（甲戌）
戊戌
壬戌

1	11	21	31	41	51
甲戌	乙酉	丙子	丁丑	戊寅	己卯
10	20	30	50	60	

生於八月一歲起運生於九月十歲起運

按是日戊初三刻十四分交寒露節。生於節前爲八月。生於節後爲九月。而各方經緯有不同。節氣有遲早。允宜細查也。生於八月。傷官秉令。秀氣流動。爲人聰命絕頂。當以文章名世。如生於九月。魁罡疊位重逢。身強敵煞。戌中金氣。不能引出。氣象偏枯。入戊寅運恐旺極爲災耳。

王揖唐

清光緒四年九月十一日未

戊寅
辛酉
丁巳
丁未

1	11	21	31	41	51
壬戌	癸亥	甲子	乙丑	丙寅	丁卯

丁生酉月。辛金秉令。坐下巳酉結局。用取偏才。所謂一神得用也。戊土火炎土燥。不能生金。辛金乘權當旺。亦無取乎生也。旺者喜洩。運行北方。秀氣流動。而丑運暗會巳酉。財星結局尤佳。丙運之後。無能爲矣。碌碌奔走。徒勞無益。不如韜養爲宜。

吳光新

清光緒八年四月廿九日

壬午
丙午
甲申
甲子

8 丁未　18 戊申　28 己酉　38 庚戌　48 辛亥　58 壬子

此造初視之。天干梟印奪食。地支兩午冲子。甲坐絕地。似無可取。不知五月火旺乘權。申金得制。煞不剋身。子申會局化印爲貴。子午遙冲。動而不剋。而足以解火之燥。潤土生木。甲得盤根。用神在印。戰局和解。趨於中和。午申拱貴。天乙貴臨。所以得顯赫一時也。酉庚十年。官煞生印。最爲得意。然究因干支冲激。不免起倒無常耳。

張志潭

清光緒十年十月初十日子時

甲申
乙亥
辛巳
戊子

3 丙子　13 丁丑　23 戊寅　33 己卯　43 庚辰　53 辛巳

辛生十月。壬水司令。干透甲乙。乃傷官生才格局也。辛金柔弱。巳亥逢冲。印之微根已拔。時干戊土。爲甲乙所制。亦不能用。僅恃年支申金之祿。才旺用刼明矣。申洩秀於亥。運逢己卯。生起比刼。流年又逢庚申辛酉。爲一生之結晶時代。庚辰辛十五年亦利。但宜商而不宜政界也。

張英華　淸光緒十四年正月十五日辰時

戊子
甲寅
丁卯
甲辰

3	13	23	33	43	53
乙卯	丙辰	丁巳	戊午	己未	庚申

丁生正月。寅卯辰氣全東方。震宮聚秀。甲木兩透。印綬秉令。身旺極矣。旺者宜洩。寅宮戊土透出。用必在戊。滴天髓所謂不可制者。引其性情是也。火土傷官。幸喜見官。取其調和氣候。解炎燥之氣。運行得地。土逢生旺。流年官煞。坎離既濟。宜其貴矣。

楊森　淸光緒十二年正月二十四日戌

丙戌
庚寅
戊午
壬戌

2	12	22	32	42	52
辛卯	壬辰	癸巳	甲午	乙未	丙申

戊午坐刃。月垣甲木司令。煞刃相合化印。宜乎總握兵符。貴爲司令矣。但威權化爲仁慈。兵氣不揚、火炎土燥。庚壬無根。金鎔水乾。氣勢從旺。是爲權在一人。必須從其旺勢。滴天髓所謂不可逆者。順其氣勢是也。運行南方。雖屢失敗。不失威柄。逢火土之年。必然再起。

鄧錫侯　清光緒十四年五月二十四日亥

己丑
庚午
己巳
乙亥

5	15	25	35	45	55
己巳	戊辰	丁卯	丙寅	乙丑	甲子

己土生五月。無癸曰旱田。無丙曰孤陰。似無可取。不知亥中甲木合己。巳中庚金合乙。名爲眞氣往來。日時聚秀。必然貴顯。滴天髓所謂上下情同。左右氣協是也。亥中壬水生助乙木。才生煞旺。喜得月令建祿。身旺能任。偏官有制。假煞爲權。宜才煞旺運。惜乎運途不順。乙丑之後。氣轉北方。或更有發展乎。

陳光遠　清同治十二年八月十七日戌時

癸酉
壬戌
癸巳
壬戌

1	11	21	31	41	51
辛酉	庚申	己未	戊午	丁巳	丙辰

天干壬癸一氣。妙在巳酉結局。地氣上升。上下情通。是日未正交寒露節。辛金司令。偏印猶旺。印綬滋身。可任才官。癸日坐巳。祿馬同鄉。天乙照臨。惜才官未能引出。幼必孤寒。己未之後。氣轉南方。才官得地。必當逐漸進展。而巳運才官祿貴齊逢。爲佳運之結晶也。

古今名人命造卷四

東海樂吾氏

孫中山

文 清同治五年十月初六日寅時

丙寅	8	庚子
己亥	18	辛丑
辛卯	28	壬寅
庚寅	38	癸卯
	48	甲辰
	58	乙巳

造時勢之英雄。非五行所能範。然事之成敗。有命存焉。辛金生於小陽春時節。陽升陰降。得丙火壬水。名金白水清。丙透壬藏。有名無位。貴而不富。（見寶鑑）地支全寅亥卯木氣結聚。木火土金循環相生。名源遠流長。最爲貴氣。凡爲大事業者。每多如此。如曾文正等造。蓋成中有敗。敗中有救。更得年時天乙拱臨。百事逢凶得化。惜時上未透壬癸。源遠而流不長。及身而止。所以賫出師未捷之恨也。以上就大體而論。十月壬水秉令。丙辛化合。印刼無根。地支全寅卯亥木局。則氣旺水木明矣。行運須順其旺勢。名曰從氣。夫以一平民之身。集合百萬之衆。而身爲之領袖。十次失敗。再接再勵。若非極旺之運。一蹶不復振矣。譬如帆船涉重洋。烏能免風濤起伏。卯運辛亥年亥卯合局。海外歸來。被舉總統。甲運中開府廣東。辰運壬戌年。燥土冲辰。逆其旺勢。變生肘腋。乙巳運乙丑年。乙庚化金。巳丑暗會金局。運歲均逆。賫志沒矣。

蔣奉化 中正 清光緒十三年九月十五日午時

丁亥
庚戌
己巳
庚午

5 己酉
15 戊申
25 丁未
35 丙午
45 乙巳
55 甲辰

金神入火鄉。貴爲王侯。見三命通會。喜得庚金透出得九秋餘氣爲旺。午戌火局。丁火透干。爲金神有制也。妙在身旺能任。金神爲我所用。而戌亥乾宮。巳午離位。聚乾離兩卦之吉氣。格局奇貴。亥藏壬水。燥土得潤。取其調和得中而已。以傷官佩印取用。初運申酉兌方。未能用其所長。丁未之後。氣轉南方。嶄然露頭角。丙午爲火鄉正運。手握重兵。統一寰宇。乙巳運偏官化傷。巳爲陰刃。身愈旺金神亦愈旺。威權日重。百尺竿頭。更進一步。但道高一尺魔一丈。爲必然之勢也。甲辰之後。絢爛歸於平淡。其功成歸隱之時乎。

汪兆銘 精衛

光緒九年三月二十八日巳時

癸	未
丙	辰
戊	申
丁	巳

10	乙卯
20	甲寅
30	癸丑
40	壬子
50	辛亥
60	庚戌

化氣格局最爲複雜。滴天髓云化得眞者只論化。化神還有幾般話。蓋須看化神之衰旺以取用。非可如十段錦之呆板執一。定以生助化神爲吉也。此造戊癸化火。癸坐未。丙透月干。時逢丁巳祿旺。生於辰月。氣闢而動。動則變化生。化神眞而且旺。巳申刑合。以財爲用。濕土生金。爲化之食神生才格。運喜土金相生。寅運冲申。流年辛亥。年冲巳祿。寅亥又合木制土。幾罹殺身之禍。幸辛金蓋頭。逢凶得解。癸運名譽日隆。但係妒合。流年水木。虛而不實。丑運略佳。壬子十年。荊棘滿途。辛運金氣煥發。坐鎮中樞。位高望重。亥運尙有風波。戊寅年尤宜珍重。庚運再掌中樞。書云化之眞者王公鉅卿。運行得助。貴顯宜矣。

宋子文　清光緒二十年十一月初八日卯時

甲午
乙亥
庚辰
己卯

1	丙子
11	丁丑
21	戊寅
31	己卯
41	庚辰
81	辛巳

庚生亥月。水冷金寒。非丁不暖。喜得午中丁火官星。氣候調和。庚日坐辰。溼土生金。己印透出。弱中轉旺。洩秀於壬。生於大雪前三日。壬水當旺。亥卯結局。當以食神生才。佩印爲用。才印並透。而不相礙。年時交互得祿。秀氣流通。月日時出於一旬。名一旬三位。前引雖缺。後從良多。天月二德呈祥。總握財樞。固非無因。四柱中和。福澤之厚。允推獨步。四二之前。雖位高望重。尙非正運。明歲乙亥之後。交入庚運。復掌財樞。更進一步。洵時代之驕子也。

胡漢民 展堂 清光緒五年十月廿六日申時

己卯
丙子
丙寅
丙申

1 乙亥
11 甲戌
21 癸酉
31 壬申
41 辛未
51 庚午

丙火三朋。惜非冬至陽生之後。不得時令。月令官星當旺。官清印正。自是貴格。惜官印俱不透。子卯相刑。官之情生印。寅申相冲。丙之根受傷。且丙火太陽之精。秉性剛傲。落落難合。至於月日夾財庫。在常人爲喜。在大人物則小節不足道也。行運財官印俱爲所喜。惜多冲激。起伏無常。現行午運。丙子年尤當爲國珍重也。

黃克強 清同治十三年九月十六日戌

甲戌
甲戌
乙卯
丙戌

乙亥
丙子
丁丑
戊寅
己卯
庚辰

九秋乙木。氣象蕭颯。幸乙卯坐祿。比刼扶助弱中之旺。丙火洩秀。木火通明。文名足以千古。功利非其所長。一生事業。僅寅運五年。木火並旺。名震寰宇。孫黃並稱。以後卽無可爲。蓋八字雖清純。而流於偏枯。福澤不足也。

孫科 哲生 清光緒十七年十月初四日寅時

辛卯
戊戌
乙未
戊寅

9 丁酉
19 丙申
29 乙未
39 甲午
49 癸巳
59 壬辰

九秋乙木葉落根枯。戊土兩透。地高氣燥。年透辛金。土生金。金剋木。滴天髓所謂夫健怕妻是也。其關鍵重在健字。如日主不健。卽爲財多身弱。無可取矣。妙在年時寅卯。乙坐身庫。日元強健。運遇生旺扶身之地。自然出人頭地。尤以印綬滋生爲喜也。

孔祥熙 庸之 清光緒六年八月初七日申時

庚辰
乙酉
癸卯
庚申

9 丙戌
19 丁亥
29 戊子
39 己丑
49 庚寅
59 辛卯

癸卯日元。生於白露後四日。庚金司令。乙從庚化。辰從酉化。卯被酉冲。加以申金剋制。木神盡去。四柱印綬疊疊。氣全金水。是爲二人同心。格取從強。滴天髓所謂不可逆者。順其氣勢是也。運行北方水旺之鄉。宜乎貴顯。庚運金旺得地。遂總握計政。入主中樞。花好月圓。盛極一時矣。

張學良 清光緒二十七年四月十七日子時

辛	丑	9 壬辰
癸	巳	19 辛卯
壬	子	29 庚寅
庚	子	39 己丑
		49 戊子
		59 丁亥

壬子坐刃。才煞歸垣。巳丑結局。才化為印。滋身助旺。蓋四月丙火司令。壬水弱極之時。最喜比劫幫扶。次以辛金暗合巳中丙火。以發水之源。癸辛並透。庚金為佐。必主功名顯達。（見寶鑑）此造子刃通源。印劫疊透。年月又合印局。日元轉而旺極。巳中七煞得祿。為煞刃雙顯格。又得天乙照臨。其出身閥閱。少年掌握兵符。亦固其所。身旺煞淺。喜行才煞之地。庚運為刃旺逢印。洩煞之氣。流年壬申癸酉國亡家破。幸逃生命。寅運甲戌年。寅戌會才生煞。海外歸來。復掌重兵。己運名高望重。至戊十五年。恢復從前地位。有過之而無不及。惟丑運合刃。防二豎為祟耳。

馮玉祥

清光緒八年九月二十六日午時

壬午
庚戌
己酉
庚午

1 辛亥
11 壬子
21 癸丑
31 甲寅
41 乙卯
51 丙辰

此造與蔣造頗相似。同為傷官佩印。而己酉非金神。支不聚卦。福澤自差。生於立冬前一日。庚金退氣。日祿歸時。身旺喜洩。而午戌合局。時又逢午。制傷太過。蓋年干壬水。庚金洩氣。再加重重火制。庚金之氣。不得發揚。壬水去病為貴。而壬無根。去病無力。運行木火。尤非所喜。僅恃流年扶助。所以起倒無常也。流年之中。如庚申辛酉。在寅運。太歲純金。乙丑年在乙運中。乙庚丑酉合金。秀氣得以發洩。均為最利之年。卯運冲酉。進退失據。以後辰運。溼土生金較利。而又冲戌。雖有發展。恐亦無常。命高而運不助。惜哉。

李濟深　清光緒十一年九月廿四日未時

乙酉
丙戌
己未
辛未

8 乙酉
18 甲申
28 癸未
38 壬午
48 辛巳
58 庚辰

己未日元。生於戌月。四柱不見壬癸。氣象偏枯。而丙辛暗化爲水。酉金生之。得雨露無形之潤。乙木竟可爲用。寶鑑云。己土內實外虛。須丙火溫之。癸水潤之。有丙無癸。終成空名。要之水火兩不可缺。所謂才印並用也。丙辛之合。誠得力哉。或云丁卯時。乙木得祿於時。年時貫氣。用乙更確矣。

李烈鈞　清光緒九年十月廿五日戌時

癸未
癸亥
壬申
庚戌

4 壬戌
14 辛酉
24 庚申
34 己未
44 戊午
54 丁巳

壬日逢庚戌時。名曰梟臨財庫。坐申通根。十月亥支搖木。加以亥未拱會。壬水洩氣。戌土庚金蓋頭。申金貼身。官之情生印。氣從金水旺勢。申未坤宮。亥戌乾位。雖次序間隔。究爲貴氣所鍾。無如戌亥俱落空亡。財官日祿皆空。不免徒勞奔走。有名無實。爲可惜耳。

柏文蔚

清光緒二年閏五月十七日辰時

丙子
乙未
丁丑
甲辰

10 丙申
20 丁酉
30 戊戌
40 己亥
50 庚子
60 辛丑

丁生未月。三伏生寒。丁火退氣。地支土旺。洩氣晦火。當取甲木疏土以引火。土燥木枯。取年支子水潤澤爲佐。才官藏於辰丑墓庫。無從引出。不冲則不動。戌運支全四庫。刑冲辰丑。流年才旺。一發如雷。亥運之後。氣轉北方。雖爲佳運。然而無冲不動。不免有老驥伏櫪之歎也。

唐紹儀

清咸豐十一年十二月初三日丑時

辛酉
庚子
丙辰
己丑

9 己亥
19 戊戌
29 丁酉
39 丙申
49 乙未
59 甲午

丙火無根。生於仲冬。癸水司令。子辰酉丑氣結金水。其從官必矣。辰丑皆溼土。蓄水生金。更喜年月金水與日時火土各分門戶。不相雜礙。格局清純。五十之前。運走西方。一帆風順。乙運乙庚化合流年辛亥壬子。金水純粹。遂爲和議總代表。民國第一任內閣總理。末運之後。氣轉南方。無能爲矣。不如韜養爲宜。

張人傑 清光緒三年八月十三日巳時

丁丑
己酉
乙未
辛巳

4	14	24	34	44	54	64	74
戊申	丁未	丙午	乙巳	甲辰	癸卯	壬寅	辛丑

乙木生酉月。支全巳酉丑。強金結局。鬼旺身衰。喜得乙木通根身庫。暗藏丁火。透出年干。強金有制。然而主六親不和。成敗幾度。苦盡甘來。未酉拱天乙。一生逢凶得解。運行身旺印綬之鄉。富貴逼人。名利兼全。雖四柱偏枯。身帶殘疾。而晚年水木運旺。壽元當至七五以後也。

張繼 緒清光八七月十八日寅時

壬午
戊申
壬寅
壬寅

3	13	23	33	43	53
己酉	庚戌	辛亥	壬子	癸丑	甲寅

壬水生於申月。干透三朋。秋水通源。日元自旺。戊土獨煞。名曰一將當關。火藏寅午。佐戊制庚。煞之威力方顯。才生煞旺之局。必須身強方能敵煞。印旺方能化煞。兩寅冲申。庚金受傷。嫌才破印。運走印刼之鄉。自然發福。

陳濟棠

清光緒十六年正月二十三日寅時

庚寅
戊寅
甲子
丙寅

7	17	27	37	47	57
己卯	庚辰	辛巳	壬午	癸未	甲申

甲木生於立春後七日。餘寒未退。喜丙火照暖。陽氣和煦。甲子坐印。得祿於寅。木盛印旺。以得庚戊爲上命。（見寶鑑）甲戊庚天乙同根。貴氣所聚。俗所謂三奇是也。妙在子寅拱丑。三奇不虛。宜乎開府天南。大富大貴。中年運走南方。制化得宜。萬象囘春。以運而論。或有更上層樓之可能也。

陳調元

光緒十二年十月十七日辰時

丙戌
己亥
丙子
壬辰

8	18	28	38	48	58
庚子	辛丑	壬寅	癸卯	甲辰	乙巳

丙日壬辰時。水火未濟。火死無光。又無從化之可能。妙在生於立冬後七日。甲木司令。化煞生印。司令之重要。於此可見。蓋制煞必須身煞兩停。方能假煞爲權。若身弱忌洩。不能以制論。非甲木化煞。則無可取耳。三命通會獨以通亥卯月氣爲富貴。良以此也。戌亥聚乾宮吉氣。兼坐天乙。壬寅之後。運走東方。印星得地。宜乎所向有功矣。

程潛　清光緒八年二月十三日未時

壬午
癸卯
己巳
辛未

2	甲辰
12	乙巳
22	丙午
32	丁未
42	戊申
52	己酉

己巳日逢辛未。金神得用。支全巳午未。氣聚離宮。爲金神入火鄉也。生於卯月。偏官秉令。煞印相生。宜乎大貴。惟嫌干透壬癸。財損印爲病。巳運之後。運走南方。極應早握兵符。少年發達。無如病神不去。阻礙進行。丁戊兩運。化除病神。尤以戊運爲佳。丁壬化才爲官。發軔之始。戊運化才爲印。金神得制。宜乎轉戰東南。建牙開府矣。

劉鎮華　清光緒九年九月初七日寅時

癸未
辛酉
甲申
丙寅

10	庚申
20	己未
30	戊午
40	丁巳
50	丙辰
60	乙卯

甲木生臨酉月。葉落木枯。旺金秉令。時日併沖。憂傷妻子。幸得丙火制申。不傷寅祿。年干癸水遠隔。不傷丙火。旺金洩秀於癸。官不剋身。配置得宜。運逢食傷印刼之鄉。自然發福。

唐生智

清光緒十六年九月十八日卯時

庚寅
丙戌
乙酉
乙卯

3 丁亥
13 戊子
23 己丑
33 庚寅
43 辛卯
53 壬辰

乙日生酉。生於九秋。葉落根枯。歸祿逢冲。丙火照暖。本爲所喜。無如四柱無印滋養。身弱忌洩。應主初年破祖業。中年發福。

顏惠慶

清光緒三年二月十九日子時

丁丑
癸卯
乙巳
丙子

1 壬寅
11 辛丑
21 庚子
31 己亥
41 戊戌
51 丁酉

乙木生臨卯月。陽氣漸升。木方發榮。月令建祿。身旺喜洩。以丙爲君。以癸爲臣。丙癸兩透。富貴無疑。時上更喜子印得祿坐貴。雖以丑絆住。不能以六乙鼠貴論格。然究爲貴氣所鍾。丙祿於巳。癸祿於子。食印交互得祿。福澤良厚。丑卯巳連珠夾拱。不足道矣。運臨印鄉發福。食鄉名重。

王寵惠

清光緒七年十月初十日丑時

時	日	月	年
乙	己	己	辛
丑	巳	亥	巳

58	48	38	28	18	8
癸	甲	乙	丙	丁	戊
巳	午	未	申	酉	戌

己土生於十月。溼泥寒沍。非丙不暖。喜得巳藏丙火。大地回温。甲木含苞時透乙木。煞生印旺。用眞而清。巳亥冲動驛馬。固宜使於四方。四柱純陰。性情沉毅堅忍。尤宜於外交也。壬水秉令。運宜官煞印旺之鄉。而南方尤佳。蓋寒水寒木。非太陽和煦之氣。不能發榮滋長也。

王正廷

清光緒八年七月廿五日卯時

時	日	月	年
丁	己	戊	壬
卯	酉	申	午

51	41	31	21	11	1
甲	癸	壬	辛	庚	己
寅	丑	子	亥	戌	酉

己土生於白露前一日。旺金洩氣。喜得年支午祿。丁火透時。補助己土精神。爲傷官佩印格。時支卯木。丁火蓋頭。酉金貼身相制。不能剋身。反生丁火爲有情也。己土秋生。外虛內實。印刼相助。轉弱爲強。傷官得用。運行北、方。旺金洩秀。宜乎神采煥發。一時俊傑已。

羅文幹

清光緒十五年三月十二日戌時

己丑
戊辰
丁巳
庚戌

2 丁卯
12 丙寅
22 乙丑
32 甲子
42 癸亥
52 壬戌

丁火生於三月。戊己兩透。廊廟之客。（見寶鑑）火土傷官洩氣太重。土重足以晦火之光。宜取甲木制土引丁。次取庚金洩土之秀。爲一定之法。幸得丁火坐刃身旺。巳丑暗拱透庚。秀氣流動。但火炎土燥。亦足以脆金。火土傷官。固宜官旺。惜四柱不見水木。未免偏枯。得水木運以濟之。宜乎青雲直上矣。

顧維鈞

清光緒十三年十二月十七日辰時

丁亥
癸丑
己亥
戊辰

8 壬子
18 辛亥
28 庚戌
38 己酉
48 戊申
58 丁未

己土生於臘月。天寒地凍。非丙不暖。妙在戊癸化合。丁火助之。無形之生化有情。時支辰爲財庫。月垣丑雜氣財官。財星透出。富貴兩全。而富尤勝也。亥丑拱子。財臨天乙。內助之功。得力非輕。丑中藏金。當以食神生才取用。運逢金水。用神得地。名高位顯。爲極盛之時也。

黃郛　清光緒六年正月廿八日戌時

庚辰
己卯
丙申
戊戌

9	19	29	39	49	59
庚辰	辛巳	壬午	癸未	甲申	乙酉

丙生卯月。陽氣漸舒。印綬秉令。弱中轉旺。時上戊土。食神專位。丙火坐才歸庫而拱酉。喜才暗藏而不破印。庚金在干。亦不壞印。秀氣流動。蓋孤印不富。孤才不貴。才印兼用而不相礙。卽爲貴氣所鍾也。運亦如是。癸運化刼而不傷庚。甲運化土不奪食。所以爲佳。申乙兩運。才不破印。名譽日隆。酉運卽不免有壞印之嫌矣。

蔣作賓　清光緒十年二月初六日戌時

甲申
丙寅
壬子
庚戌

1	11	21	31	41	51
丁卯	戊辰	己巳	庚午	辛未	壬申

壬水生於正月。水性柔弱。喜庚爲源。喜丙解凍。甲木司令。透出年干。眞神得用。食神生財。格清局正。子申寅戌合拱。得水火既濟之妙。戌申子寅連珠夾拱。尤爲貴氣所鍾。刃旺而煞不透。將兵不足以樹威。月垣冲動驛馬。宜乎使於四方不辱君命也。

薛篤弼

清光緒十六年正月十六日巳時

庚寅
戊寅
丁巳
乙巳

10 己卯
20 庚辰
30 辛巳
40 壬午
50 癸未
60 甲申

兩寅兩巳。木火成象。正月甲木司權。非庚不能劈甲。非甲不能引丁。妙在甲祿於寅。庚生於巳。戊祿在巳。傷官生才佩印。喜用均得祿。足見環境之優美矣。然而月垣印綬。日元坐刃。本身固非弱也。用在土金。惜運不助。僅辛巳運化財生官。爲佳運耳。

熊希齡

清同治九年六月廿五日亥時

庚午
癸未
庚申
丁亥

5 甲申
15 乙酉
25 丙戌
35 丁亥
45 戊子
55 己丑

庚生六月。三伏生寒。庚金頑鈍。喜火煅煉。庚申專祿。六月丁火。餘氣猶旺。又得祿於午。金逢火煉。宜成大器。月垣天乙照臨。貴氣所聚。惟火炎土燥。而金脆。丁亥之後。運走北方。燥土得潤。生金宜其貴矣。

薩鎮冰

清咸豐九年二月廿六日巳時

己未
丁卯
丁卯
乙巳

2	丙寅
12	乙丑
22	甲子
32	癸亥
42	壬戌
52	辛酉

木火成象。惜己未土神夾雜破格。祇能以印作用。偏印司令。卯未合局。時上復逢陰刃。若非運入財官之鄉。乃孤苦貧寒之造。萬祺賦云。印綬干頭重見比。如逢運助必傷身。莫言此格無奇妙。運入財神鄉福必眞。正合此也。

陳炯明

清光緒三年十二月十一日巳時

丁丑
癸丑
辛卯
癸巳

3	壬子
13	辛亥
23	庚戌
33	己酉
43	戊申
53	丁未

辛金臘月。水凍金寒。喜時上巳火。官印俱全。辛卯坐才。才生官旺爲貴。惜才官印皆不透。加以運走西北。財官皆背。申運刑破巳支。突然叛變。有始無終。殆運之所至。不由自主耶。

陳銘樞　清光緒十五年九月廿一日巳時

己丑
甲戌
甲子
己巳

2 癸酉
12 壬申
22 辛未
32 庚午
42 己巳
52 戊辰

天干甲己。日時年月。各得配合。不起爭妒。月戌時巳。土星臨旺。子丑相合。化氣極眞。甲子己巳。出於一句之內。尤爲貴氣。運走南方。化氣有餘。土旺過度。無以洩其秀。此因太過而不吉也。若金以洩之。水以潤之。自不致有偏燥之患。

蔡廷鍇　清光緒十八年十一月初八日巳時

壬辰
壬子
壬辰
乙巳

3 癸丑
13 甲寅
23 乙卯
33 丙辰
43 丁巳
53 戊午

陽刃歸垣。時支才煞得祿。煞刃雙顯。宜乎握重兵。爲名將。刃旺煞輕。喜行煞地。則威權顯。辰運溼土流年壬申。會成水局爲煞。此一二八之役。所以困苦艱難。卒樹抗日之功。癸酉年會煞化印。威權喪失。解除兵柄。將來巳戊運中。必當重爲國家干城。樹勳業於域外。未可以一時成敗論人也。

湯玉麟　清同治十二年四月十六日辰時

癸酉
丁巳
甲子
戊辰

2	12	22	32	42	52	62
丙辰	乙卯	甲寅	癸丑	壬子	辛亥	庚戌

巳酉會金化傷爲官。四月丙火秉令。丁火透干。損傷官貴。喜年干癸印制傷護官。甲子坐印。足以用官。戊土透時。才不破印。配合適宜。運入印鄉。宜乎坐鎮一方。優游晚福。亥運冲破官貴。喪師失地。以得逃生命爲幸矣。

徐源泉　清光緒十二年十月初七日亥時

丙戌
戊戌
丙寅
己亥

2	12	22	32	42	52
己亥	庚子	辛丑	壬寅	癸卯	甲辰

丙寅生於立冬前五日。火氣愈退。忌土晦光。妙在寅亥一合化煞爲印。而且納音木火。干透丙戊主大權貴。土旺洩氣。運行東方木地。必當建牙開府。樹立勳業。寅至甲二十年中。僅癸運合戊化刼。稍爲隱晦耳。

萬福麟

清光緒七年十一月二十日子時

辛巳
辛丑
戊申
壬子

1	庚子
11	己亥
21	戊戌
31	丁酉
41	丙申
51	乙未

天寒地凍。戊土無氣。巳丑拱金。子申拱水。一派金水之氣。戊土勢必相從。所謂假從是也。惜運不過爾爾。戊戌十年。出生入死。酉丙申十五年。比較佳勝。當以酉運爲最佳也。

鹿鍾麟

清光緒十年二月十五日寅時

甲申
丁卯
辛酉
庚寅

8	戊辰
18	己巳
28	庚午
38	辛未
48	壬申
58	癸酉

四金三木。不雜閑神。金木相成。乃兩神成象格也。甲祿在寅。庚祿在申。年時互換得祿。辛酉專祿。官坐才鄉。金逢火煉以成器。卯木秉令引生丁火。才旺用刼明矣。運行身旺之鄉。自然發福。

李鼎新、清同治元年四月十七日寅時

壬戌
乙巳
己巳
丙寅

7 甲辰
17 癸卯
27 壬寅
37 辛丑
47 庚子
57 己亥

巳土生四月。正印秉令。年時寅戌會局。地支全火。乙木偏官。土燥木枯。年干壬水無根。滴水熬乾。氣從火土。惜運行東北。逆火土旺勢。未足云利。僅丑己兩運稍佳耳。

林建章 清同治十三年十一月初八日亥時

甲戌
丙子
丁未
辛亥

7 丁丑
17 戊寅
27 己卯
37 庚辰
47 辛巳
57 壬午

仲冬癸水秉令。火弱氣寒。用神以甲木爲要。喜得亥未拱木。甲印有根。有印化煞。煞不剋身。時逢官貴。而年月復拱官貴。出身閥閱。功名終始。固顯而易見也。年月與日時分句。五行不雜。惜運平常。始印未能相濟。未免英雄氣短矣。

方本仁　清光緒六年四月初一日巳時

庚辰　辛巳　戊戌　丁巳

9 壬午　19 癸未　29 甲申　39 乙酉　49 丙戌　59 丁亥

戊戌魁罡。生於四月。火炎土燥。庚金雖生於巳。燥土不能生金也。妙在年支辰土。溼潤養金。身旺洩秀。爲土金傷官用傷。一神得用。其象非凡。惜運平庸。僅申乙酉三運稍佳。無金水聯帶之運。爲可惜也。

董康　清同治六年二月廿二日戌時

丁卯　甲辰　丙子　戊戌

7 癸卯　17 壬寅　27 辛丑　37 庚子　47 己亥　57 戊戌

丙火爲太陽之精。欺霜侮雪。獨忌土晦光。喜得甲木透出。足以疏土。然三月陽氣漸升。甲木固爲重要。壬水尤不可缺也。雖子辰拱申。爲壬水生地。然究竟虛而不實。定主勞碌。晚境平常。行運早歲壬寅十年。水木運旺。最爲佳勝。次者僅亥運。水木得地爲佳。五七之後。土重晦火。難期發展矣。

李根源 清光緒五年四月十七日巳時

己卯
己巳
庚申
辛巳

10 戊辰
20 丁卯
30 丙寅
40 乙丑
50 甲子
60 癸亥

庚申專祿。生於四月。煞印得地。月時氣息相通。明辛暗丙。煞刃相合爲權。宜以武職顯。巳申刑而帶合。煞氣潛消。丁卯丙寅乙廿五年。木火旺地。助起丙煞。合刃爲貴。丑運之後。氣轉北方。甲運化土。無能爲矣。不如韜養爲宜。

許世英 清同治十二年七月十九日巳時

癸酉
辛酉
乙丑
辛巳

1 庚申
11 己未
21 戊午
31 丁巳
41 丙辰
51 乙卯

乙木無根。支全巳酉丑。氣專金水。棄命相從必矣。更喜年透癸水。旺金洩氣。格清局正。爲從煞之眞者。具此佳命。貴顯何疑。無如有命無運。行程木火。逆其旺勢。犯從格之大忌。幼年庚申最佳。己未戊十五年。雖爲燥土。亦尚有情。午至丙二十年。火旺傷金。猶幸乙木未見根耳。辰運溼土。比較佳勝。此後當以慈善事業終其身矣。

朱慶瀾

清同治十三年正月廿三日卯時

甲戌
丁卯
丁卯
癸卯

8 戊辰
18 己巳
28 庚午
38 辛未
48 壬申
58 癸酉

木火通明。時干獨煞坐貴有木引化。煞不剋身。當作官印相生看。惜癸水無根。若煞印兩旺。定然大富貴也。運喜行才官旺地。

張乃燕

清光緒二十年八月十八日寅時

甲午
癸酉
壬戌
壬寅

7 甲戌
17 乙亥
27 丙子
37 丁丑
47 戊寅
57 己卯

壬生八月。秋水通源。年干甲木。食神洩秀。喜得地支財星結局。秀氣流動。月垣正印。爲火包圍。貼身緊剋。貴氣不免受損。水木清華之氣。木火文明之象。樂育英才。獎腋後進。教育事業。當勝於政治生涯也。

吳經熊

清光緒廿五年二月十七日卯時

己亥
丁卯
乙未
己卯

7 丙寅　17 乙丑　27 甲子　37 癸亥　47 壬戌　57 辛酉

乙木生臨卯月。支全亥卯未木局。地支不雜閑神。四柱毫無金氣。確爲曲直仁壽格也。更喜月垣透丁。木旺洩秀。年月兩己。秀氣流動。清而純粹。得天獨厚。此類格局。最喜火運。次則東北水木之地亦佳。若行金運。卽爲破格。

鄭洪年

清光緒元年十二月初八日戌時

乙亥
戊子
辛未
戊戌

9 丁亥　19 丙戌　29 乙酉　39 甲申　49 癸未　59 壬午

金寒水冷。食神司令。辛金無根。依印爲用。月干之戊。爲才所破。幸喜時逢戊戌。祿堂印綬同居。戌未皆藏火。寒土回溫。日元極有依恃。生於子月。金清水秀。富而且貴。運喜火土之地。除丙戌外。當以癸未十年最佳。戊癸化合。戌未刑開火庫。平生得意之時也。

蔣百器

清光緒八年九月十三日子時

壬午
庚戌
壬寅
庚子

3 辛亥
13 壬子
23 癸丑
33 甲寅
43 乙卯
53 丙辰

時支陽刃得氣。月垣七煞秉令。煞刃雙顯。宜乎握兵符建殊勳於絕域。煞旺刃弱。喜行刃地。惜乎北方水運太早。甲運之後。行制煞鄉。適反其道。宜乎鬱鬱無聊。不得發舒矣。

張學銘

清光緒三十四年四月十九日寅時

戊申
丁巳
癸酉
甲寅

6 戊午
16 己未
26 庚申
36 辛酉
46 壬戌
56 癸亥

金神格。惜地支不結火局。運程不入火鄉。雖生於軍閥之家。藉父兄之蔭。亦無能爲力。午運太早。尚在幼年。未運火土之地。以青年而掌市政。此後運轉西方。金神太旺。須至戌癸運。方能再展長才。

朱光沐

清光緒廿三年五月十一日巳時

丁酉
丙午
己亥
己巳

2	乙巳
12	甲辰
22	癸卯
32	壬寅
42	辛丑
52	庚子

己日時逢己巳。金神坐於火位。生於午月。通月令之氣。丙火透出。運入離鄉。必掌兵柄。貴顯無疑。東方寅卯之地雖佳。不及火運之得力。加以壬癸蓋頭。未免減色矣。

袁良

清光緒九年十月初十日午時

癸未
癸亥
丁巳
丙午

10	壬戌
20	辛酉
30	庚申
40	己未
50	戊午
60	丁巳

坎離對立。喜亥未合木。小陽春時節。木氣含苞。亥中壬水。復合丁火。通水火之情。成既濟之功。月垣天乙驛馬逢冲。定建勳業於他方。四十之前。才旺破印。未能展其所長。未運合木庫。小試牛刀。惜乎東方運太遲。火運雖佳。不如印也。

傅宗耀

清同治十一年十二月初一日巳時

壬申
壬子
辛亥
癸巳

2 癸丑
12 甲寅
22 乙卯
32 丙辰
42 丁巳
52 戊午

金寒水冷。必須丙火溫暖方妙。蓋十一月爲癸水司令之時。切忌癸出凍金。此造巳中丙火爲全局之主幹。若能透出干頭。貴顯無疑。惜癸水蓋頭。丙火不健。壬水太多。而缺戊制。巳中丙戊雖得祿。俱嫌其不透出。減其力量也。行運火土之鄉。自然發福。

錢永銘

清清光緒十一年七月二十日午時

乙酉
甲申
丙辰
甲午

7 癸未
17 壬午
27 辛巳
37 庚辰
47 己卯
57 戊寅

七月丙火。所謂日近黃昏。餘光照於湖海是也。惜壬水不透。不能作用。甲乙無根之木。氣勢微弱。日元所恃。在於時支午火得氣。辰午夾巳。丙得暗祿。弱中轉旺。足以任才。申金秉令。眞神得用。運行土金木火之鄉俱佳。

周作民 清光緒十年正月十六日寅時

甲申
丙寅
壬辰
壬寅

丁卯
戊辰
己巳
庚午
辛未
壬申

壬水春生。爲食神生才格局。喜得寅中甲丙兩透。眞神得用。才露官藏。月日時兩拱亥乙。允宜掌握財權。富中取貴。壬水雖通根於申。而春水極弱。運走印刧之鄉。扶助日元。則精神煥發。財官得用矣。

張嘉璈 清光緒十五年十月二十一日申時

己丑
乙亥
癸巳
庚申

2 甲戌
12 癸酉
22 壬申
32 辛未
42 庚午
52 己巳

十月癸水。旺中有弱。蓋甲木萌動。洩散元神。幸得時逢庚申。專印合祿。更喜巳被亥沖。才不損印。當然以印爲用矣。運走金水之鄉。體用咸宜。

虞和德

清同治六年五月十八日卯時

丁卯
丙午
庚午
己卯

4	14	24	34	44	54
乙巳	甲辰	癸卯	壬戌	辛丑	庚子

五月丁火旺烈。庚金居於敗地。四柱無根。木助火旺。似當作從煞格看矣。無如時支巳卯。乙木專祿。暗合庚金。年支卯木。同氣相應。己土正印相生。五陽從氣不從勢。不能以從論。火金相成。所謂鑄印格是也。運走金水之鄉則吉。

榮宗敬

清同治十二年七月十二日酉時

癸酉
庚申
戊午
甲寅

9	19	29	39	49	59
己未	戊午	丁巳	丙辰	乙卯	甲寅

年月金水。日時木火土。各分門戶。不相剋礙。食神生才爲用。柱以庚金爲源。雖生生不息。而次序不順。水木居首尾。不相聯接。所謂阻節是也。戊生於寅。亦生於申。氣得中和。得木運以通關。宜乎爲實業界泰斗矣。

黃金榮 清同治七年十一月初一日子時

戊辰
甲子
甲戌
甲子

8	18	28	38	48	58
乙丑	丙寅	丁卯	戊辰	己巳	庚午

子辰夾申。子戌拱亥。亥申乾坤之宮。暗聚吉氣。名拱夾天關地軸格。宜乎極貴矣。惜乎申亥同落空亡。虛而不實。此與李烈鈞造頗相似。殆天未欲平治天下乎。

杜月笙 清光緒十四年七月十五日午時

戊子
庚申
乙丑
壬午

5	15	25	35	45	55
辛酉	壬戌	癸亥	甲子	乙丑	丙寅

才官印同居申宮而並透。乃三奇格也。月垣得三正。日元坐丑得三偏。天乙照臨。陰陽貴備。此格之貴徵。尤難得者。具三奇而外陽包陰。凡事謀定後動。性情直爽而中有分寸。志願所至。能達其的。此英雄豪傑之本色。傳諸游俠而無愧者也。

張嘯林 清光緒三年五月廿四日寅時

丁丑
丙午
戊寅
甲寅

10 乙巳
20 甲辰
30 癸卯
40 壬寅
50 辛丑
60 庚子

月垣午刃秉令。時干甲煞得祿。煞刃雙顯。宜乎握兵符。爲名將。無如寅午拱會。丙火透出。印綬通煞刃之氣。聯絡而歸於中和。然而福澤厚矣。

章炳麟 清同治七年十一月三十日申

戊辰
乙丑
癸卯
庚申

8 丙寅
18 丁卯
28 戊辰
38 己巳
48 庚午
58 辛未

十二月之水。寒極成冰。四柱又無丙火解凍。而時透庚金。支逢專祿。有金乏火者。縱使文章驚世。亦難顯達。(見寶鑑)然而水木清華。食神吐秀。一神得用。其象非凡。名山事業。自足千秋。豈必以一時顯達爲貴哉。

袁伯夔　清同治十年五月初七日戌時

辛未
甲午
丙申
戊戌

6	16	26	36	46	56
癸巳	壬辰	辛卯	庚寅	己丑	戊子

五月丙火炎烈。喜日元坐申。得申宮長生之水。庚金爲源。必主詞林馳譽。文苑蜚聲。但時上戊土專位。透洩火氣。刑剋必重。火炎土燥。似乎喜水潤澤。然而行北方運未必佳。蓋火勢燥烈。以水激之。則勢不相容。恐反生災咎也。

胡適　清光緒十七年十一月十七日未時

辛卯
庚子
丁丑
丁未

3	13	23	33	48	58
己亥	戊戌	丁酉	丙申	乙未	甲午

仲冬丁火。氣弱而寒。年印時比。不能從煞。庚金發水之源。才生煞旺。雖清高絕俗。而六親流水。骨肉浮雲。乙未之後。木火旺鄉。或當棄文字生涯而入政界乎。

徐謙

壬申
丙午
甲午
甲戌

丁未 戊申 己酉 庚戌 辛亥 壬子

火燥木枯。水爲極需要之神。壬水透干。通根於申。本極得用。無如中隔丙午。與日元不通氣。甲木無從得其滋助。徒然水被熬乾。不能利濟。滴天髓云。有情却被人離間。怨起恩中死不灰。甲木無根用神被阻。既不能氣從木火。又不能專情於印。所以意志無定。所如輒阻。雖行水運。亦難得力。此造如壬透月干。或生於申月。或壬申在時。決不至落寞無聊也。

古今名人命鑑 外編附

東海樂吾氏

日本昭和天皇之太子

癸酉
甲子
癸亥
乙卯

癸亥 壬戌 辛酉 庚申 己未 戊午

水木淸奇，純粹極矣，妙在酉金爲始，上生天干，水木以次相生，下行地支，亦水木以次相生，天地同流，滴天髓所謂：始其所始，終其所終也，亥卯結木局，甲乙元神透露，食神吐秀，惜四柱無才，未免缺點，滴天髓云：獨象喜行化地，而化神要昌，全象喜行才地，而才神要旺，不但局中需要財星，行運亦最喜財地也，戊運非佳，金運有水生化，不傷卯木，己巳之後，逆其旺神，恐反激而生災矣。

鄭孝胥　清咸豐十年閏三月十二日戌時

庚申
庚辰
丙午
戊戌

1 辛巳　11 壬午　21 癸未　31 甲申　41 乙酉　51 丙戌　61 丁亥　71 戊子

丙庚對立，門戶各分，但三月丙火，以壬水甲木為正當用神，今水木不見，而年月土金相生，為食神生財格局，申辰拱子為官，午戌拱寅為印，暗官暗印相生，辰午夾巳，日元得祿，貴顯宜也，三月火方進氣，土多洩氣亦重，自當才印並用，亥運天乙逢印，老運亨通，即不投僞，何嘗不能顯赫一時，老而不死，徒貽臭耳。

陳寶琛　清道光二十八年九月廿三日卯時

戊申
壬戌
癸巳
乙卯

6 癸亥　16 甲子　26 乙丑　36 丙寅　46 丁卯　56 戊辰　66 己巳　76 庚午

九月水方進氣，日時坐天乙貴，申戌拱酉，巳卯拱辰，辰酉暗合，為日元之印，整齊純粹，福澤壽考之徵，雖時逢末造，狂潮洶湧，而保名全節，身心俱泰，不受外界打擊，非得天獨厚乎？年戊正官，得時秉令，時逢乙卯，食神專祿，利權雖缺，宦海無波，蘭玉森森，聲清雛鳳，惜平生不逢辰，不免有明珠暗投之歎耳。

張作相　清緒光七年二月初九日卯時

辛巳
辛卯
辛丑
辛卯

2	庚寅
12	己丑
22	戊子
32	丁亥
42	丙戌
52	乙酉

天干一氣。得年日巳丑暗拱得祿。天地交泰。身旺任才。卯木眞神得用。財祿固爲養命之源。但除財之外。別無他物。未免因財而喪失氣節。現在乙運。因財而失身。一入酉運。羣比爭財。必因財而致禍。

梅蘭芳　清光緒二十年九月廿四

甲午
甲戌
丁酉
癸卯

5	乙亥
15	丙子
25	丁丑
35	戊寅
45	己卯
55	庚辰

或云壬寅時。木火通明。才官清粹。當爲馳譽詞林之文人。才官帶貴。當爲文學侍從之臣。不類名伶。或謂實生於光緒十七年正月廿六日三句鐘。其時適交驚蟄節。倘生於三時前。則爲　辛卯　庚寅　辛卯　庚寅。倘在三時後。己交入二月節氣。則爲　辛卯　辛卯　辛卯　辛卯。究竟孰爲眞實。須待證明。至於三時前後。恐本人亦無從知之矣。

荀慧生

清光緒廿五年十二月初五日卯時

己亥
丙子
戊寅
乙卯

10	20	30	40	50	60
乙亥	甲戌	癸酉	壬申	辛未	庚午

戊土生於仲冬。癸水乘旺。丙火透出。凍土回温。乙卯官星專祿。寅亥卯氣結木局。官強身弱。地支順序。暗拱天乙。却爲貴氣。此造若眞。未必終於伶官。局面變化不遠矣。

楊小樓

清光緒四年十一月初十日午時

戊寅
癸亥
乙卯
壬午

1	11	21	31	41	51
甲子	乙丑	丙寅	丁卯	戊辰	己巳

乙木生於亥月。壬水司令。陰極陽生。支全寅亥卯方局。盤根深固。木老根堅。身旺洩秀。以午中丁火爲用。妙在運走東南木火旺地。戊辰己巳財鄉。食神秀氣流行。老當益壯。局中戊癸相合。生助午火。正是澄濁求清之處。宜乎名重伶官也。

孟小冬

清光緒三十一年十一月十一日卯時

戊申
甲子
戊戌
乙卯

癸亥　壬戌　辛酉　庚申　己未　戊午

戊戌魁罡。年逢比助。日元旺矣。官煞並見。年月子申會才局。以生煞。時上官星專祿。兩不相下。官煞各分爲混雜。其不以一夫終局。顯而易見。運入制鄉。自當入於正軌矣。

蔣驢子

道光二年七月初八日寅時

癸未
庚申
甲戌
丙寅

2	12	22	32	42	52
己未	戊午	丁巳	丙辰	乙卯	甲寅

洪楊後南京第一富家。相傳蔣某早年趕驢運輸爲生。曾國荃破南京。蔣代忠王李秀成輸珠寶。李被擒。珠寶盡入蔣手。以此致富。至今南京人無不知有蔣驢子其人者。茲評其命。年月金水。日時木火。各分門戶。月令偏官得祿。時支食神逢生。引歸財庫。甲日坐戌。爲財來就我。生於立秋後五日。炎威未息。甲木雖得祿於寅。究嫌剋洩交加。至甲運助起日元。偏官食神。本來旺盛。皆可爲我所用。命固不壞。運特佳耳。亂世時代。宜乎有此幸運兒也。

樂吾自造

丙戌
壬辰
丙申
丙申

10	癸巳
20	甲午
30	乙未
40	丙申
50	丁酉
60	戊戌

從前未解命理。請術者推算。或者以干透三朋。獨煞透淸。謬以有爲相許。或者以丙臨申位逢壬水。夭壽之徵。危言聳聽。予以其所言未能滿意。發心自己硏究。始知術者之言皆不相干。天干三丙。通根戌庫。弱中之旺。三月火相。必須壬甲並透。蓋丙爲太陽之火。不畏水尅。反喜其潤。若無壬水透出。人必愚蠢下賤。必非現在之地位也。但用殺不可例言制。壬水通根於申。又得辰申相拱。獨殺頗強。丙臨申位絕地。雖通根戌庫。干得比助。決非其敵。必須用印以化之。四柱不見甲乙。此所以壯不能用。老無能爲也。年上干比支墓。所以出身世族。椿蔭早失。印綬不見。萱蔭亦不常。三比幫身。故弟兄三人。頗得互助之益。才滋殺爲忌。土晦火亦非喜。故妻子均不得力。丙爲太陽之火。四柱純陽。故性情燥急孤傲。落落難合也。行運癸水助殺。大病幾殆。幸坐巳火。轉危爲安。十四歲失怙。家庭多故。已運丙火得祿。讀書考試尚利。得列庠序。甲運偏印化煞。可惜局中木無根。雖出場甚利。

置身政界。不能有所作為。午運丙火祿旺。值光復。諸事尚利。乙運甲寅乙卯年運歲均吉再入政界。承上峯青睞。前途似有無限希望。亦以局中無根。虛花而已。未運燥土晦火。丙火不畏水剋。獨忌土洩氣晦光。一病數年。精神萎頓。一交丙運。不藥而愈。比肩分財。雖無大利。然而幫身為吉。申運才來滋煞。流年壬申癸酉。遭一二八之變。幾乎傾家蕩產。尚幸丙火蓋頭。不致一敗塗地。無以立足。現尚在申運。雖流年尚利。未敢妄動也。將來丁運合壬化殺。在運為佳。然而年已五十外。老無能為。或者不致有衣食虞乎。酉運同申。而勢較緩。或不致再遭大變如一二八之役乎。戊運燥土晦火。壽元至此已終。如六十一不死。當至六十三四。

等閒白了少年頭。空悲切。

訂正本滴天髓徵義出版預告

滴天髓爲談命理最精要之書。號稱難讀。其實非難讀也。由於章節錯亂。字句漏誤。大小標題。混雜淆亂。以致閱者無從索解。一經訂正。次序井然。豁人心目。從來命理之書。苦無善本。入門之後。欲爲進一步之研究。卽有無書可讀之憾。本書詳徵博引。以闡微爲主。附以各家註釋。擷其精華。每句之下。列八字若干則。加以說明引證。凡研究命理。欲求深造者。不可不讀。並以雜格一覽命理源流歷象須知三種附於後。現已付印。不日出版。

雜格一覽　搜集各種格局。詳述其配合用法。一目了然。可備檢查。

命理源流　術數之學。悉源於易。此書分上下兩編。上編詳述河洛卦理、以及納甲、納音之配置。五運六氣、分野之今昔異同。下編述五行生剋刑冲會合化氣之原理。以及星曜神煞之釋義。以淺顯之筆。述深邃之理。爲研究命理者。所不可不知。

歷象須知　凡研究命理。不可不明歷象。但算術爲專門之學。而關於命理者。僅其中歷象一節。此書爲未習算術者說法。專就歷象說明其原理。及推算之法。凡欲推算萬年歷者。一閱此書。卽可依法推算。數千百年。易如指掌。而各地分野節氣時刻。均可照表推算。一查卽得。蓋專爲研究命理而作也。

全書共分拾卷分訂六册實價 廉史毛邊四元 有光紙二元四角 預約六折代售處　千頃堂　中西書局　百新書局

東海樂吾氏

通訊研究命理潤例

通訊研究　每造拾元

潤資先惠　七日囘件

親友介紹　減收半潤

挨次批覆　不限日期

細批流年　恕不應命

空函不覆　面談謝絕

中華民國二十三年八月　日重訂

通訊處　靜安寺路一一二二弄九號

中華民國二十三年十二月出版

全一冊定價國幣壹元八角正

著作者　東海樂吾氏

發行者　東海樂吾氏寓廬　上海靜安寺路一一三三弄九號

印刷者　毛耀記印刷所

代售處　各大書局

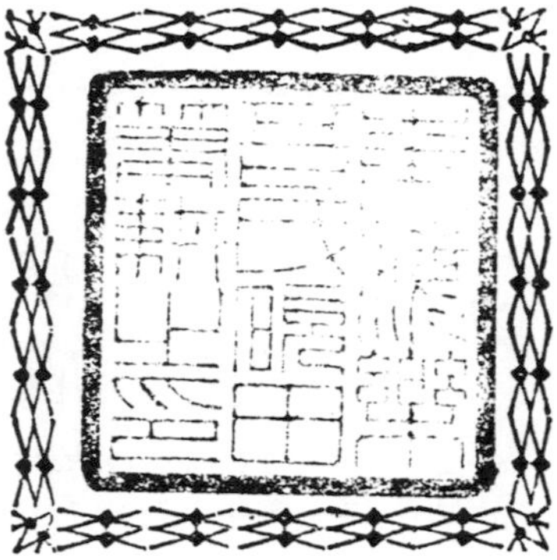

預約定單

預約劵各代售處均有發售

茲預定　　　紙訂正本滴
奉上洋　元　角統請
查收即將預約憑單塡就照後開
交　　　手收爲幸此致
東海樂吾氏　台照　　　　　　具
姓名
地址
年　月　日

特約代售處
千頃堂　三馬路望平街口
中西書局　望　平　街
百新書局　棋　盤　街

心一堂術數古籍珍本叢刊　第一輯書目

占筮類			
1	擲地金聲搜精秘訣	心一堂編	沈氏研易樓藏稀見易占秘鈔本
2	卜易拆字秘傳百日通	心一堂編	
3	易占陽宅六十四卦秘斷	心一堂編	火珠林占陽宅風水秘鈔本
星命類			
4	斗數宣微	【民國】王裁珊	民初最重要斗數著述之一；未刪改本
5	斗數觀測錄	【民國】王裁珊	失傳民初斗數重要著作
6	《地星會源》《斗數綱要》合刊	心一堂編	失傳的第三種飛星斗數
7	《斗數秘鈔》《紫微斗數之捷徑》合刊	心一堂編	珍稀「紫微斗數」舊鈔秘本
8	斗數演例	心一堂編	
9	紫微斗數全書（清初刻原本）	題【宋】陳希夷	斗數全書本來面目；有別於錯誤極多的坊本
10-12	鐵板神數（清刻足本）——附秘鈔密碼表	題【宋】邵雍	無錯漏原版 秘鈔密碼表 首次公開！
13-15	蠢子數纏度	題【宋】邵雍	蠢子數連密碼表 打破數百年秘傳 首次公開！
16-19	皇極數	題【宋】邵雍	清鈔孤本附起例及完整密碼表 研究神數必讀！
20-21	邵夫子先天神數	題【宋】邵雍	附手鈔密碼表 研究神數必讀！
22	八刻分經定數（密碼表）	題【宋】邵雍	皇極數另一版本；附手鈔密碼表
23	新命理探原	【民國】袁樹珊	子平命理必讀教科書！
24-25	袁氏命譜	【民國】袁樹珊	
26	韋氏命學講義	【民國】韋千里	民初二大命理家南袁北韋
27	千里命稿	【民國】韋千里	
28	精選命理約言	【民國】韋千里	北韋之命理經典
29	滴天髓闡微——附李雨田命理初學捷徑	【民國】袁樹珊、李雨田	命理經典未刪改足本
30	段氏白話命學綱要	【民國】段方	民初命理經典最淺白易懂
31	命理用神精華	【民國】王心田	學命理者之寶鏡

91	地學形勢摘要	心一堂編	形家秘鈔珍本
92	《平洋地理入門》《巒頭圖解》合刊	【清】盧崇台	平洋水法、形家秘本
93	《鑒水極玄經》《秘授水法》合刊	【唐】司馬頭陀、【清】鮑湘襟	千古之秘，不可妄傳匪人
94	平洋地理闡秘	心一堂編	雲間三元平洋形法秘鈔珍本
95	地經圖說	【清】余九皋	形勢理氣、精繪圖文
96	司馬頭陀地鉗	【唐】司馬頭陀	流傳極稀《地鉗》
97	欽天監地理醒世切要辨論	【清】欽天監	公開清代皇室御用風水真本
三式類			
98－99	大六壬尋源二種	【清】張純照	六壬入門、占課指南
100	六壬教科六壬鑰	【民國】蔣問天	由淺入深，首尾悉備
101	壬課總訣	心一堂編	過去術家不外傳的珍稀六壬術秘鈔本
102	六壬秘斷	心一堂編	
103	大六壬類闡	心一堂編	
104	六壬秘笈——韋千里占卜講義	【民國】韋千里	六壬入門必備
105	壬學述古	【民國】曹仁麟	依法占之，「無不神驗」
106	奇門揭要	心一堂編	集「法奇門」、「術奇門」精要
107	奇門行軍要略	【清】劉文瀾	條理清晰、簡明易用
108	奇門大宗直旨	劉毗	天下孤本　首次公開 虛白盧藏本《秘藏遁甲天機》 奇門不傳之秘　應驗如神
109	奇門三奇干支神應	馮繼明	
110	奇門仙機	題【漢】張子房	
111	奇門心法秘纂	題【漢】韓信（淮陰侯）	
112	奇門廬中闡秘	題【三國】諸葛武侯註	
選擇類			
113－114	儀度六壬選日要訣	【清】張九儀	清初三合風水名家張九儀擇日秘傳
115	天元選擇辨正	【清】一園主人	釋蔣大鴻天元選擇法
其他類			
116	述卜筮星相學	【民國】袁樹珊	民初二大命理家南袁北韋 南袁之術數經典
117－120	中國歷代卜人傳	【民國】袁樹珊	